Edition K
Gerald K

Gerald Koll

henro boke

Pilgern auf Japanisch

KONNEX Edition Korrespondenzen

Für die Gefährten
Nobuo Morikawa und Makoto Sato

Die Furt bei Yabase
wirkt wie eine Abkürzung.
Doch in Eile, Krieger, nimm den Weg
über die lange Seta-Brücke.

Hagakure – Der Weg des Samurai

a. »Das Tor der Silbe A ist königlich unter den Mantras«, lehrt das Sutra *Dainichi-kyō sho.* Ein großes A entströmt dem Torbogen meines Mundes. Offen gesagt: Ich schreie wie am Spieß, und während ich weiterschreie, höre ich mir dabei zu, stehe neben mir und kann mich doch nicht sehen. Wo bin ich?

Ich befinde mich mit absoluter Gewissheit nicht im Schoß esoterischer Glückseligkeit. Wo ich mich befinde, ist hier und jetzt Spekulation.

Ich bin auf Vermutungen angewiesen. Zum Beispiel, dass sich wenige Meter entfernt, auf dem Blätterdach des Bambuswaldes, der Mond sonnt. Wo ich bin, ist es schwarz. Testweise habe ich geblinzelt. Das Schwarz änderte sich nicht. Meine Erinnerung sagt mir, dass dies dieselbe kleine blaue Hütte ist, die mir für heute Nacht Unterschlupf gewähren sollte. Sie lag anheimelnd verlassen, rückwärts angelehnt an einen Berg. Auf der Schwelle sitzend, blickte ich auf Bambusbäume, die blattgrün und verwaschen oliv im Abendwind wiegten. Morgen würde ich über den Gipfel zu Tempel 88 klettern, dem letzten des Weges. Ich würde mein Pilgerdiplom abholen, morgen wäre ich am Ziel, heute gäbe ich mich versonnen: Japan, nimm meine warme Hand!

Mit einem Ruck aber zog die Nacht wie eine Gouvernante mir die Decke über den Kopf. Die Holme verschmolzen zur Wand, verschwanden, auch Schiebetür und Schwelle. Knacken, als sei draußen jemand, der einer Legion aufgehängter Leichen fortwährend die Finger bricht. Die geborstenen Fenster wurden Blindenbrillen, die rissigen Holzlatten in Pech getunkt. Nach vorn drangen die Geräusche aus der Tiefe der Hütte, wo sie zur Höhle wird im Berg.

Ich hörte Wassertropfen, die aus den Poren des Felsens fielen, nachhallten. Dem Klang nach zu urteilen, trafen sie die im Lotussitz versteinerten Wachtposten auf dem Altar; im Hellen (wie lange ist das jetzt her?) waren sie niedliche Buddha-Deko. Tropfen zersprangen wohl auch auf dem Metall der Leuchter. War das eine Maus, die auf den Holzdielen Sechzehntelläufe trommelte? Meine Taschenlampe verfehlte sie, bevor die Batterien den Geist aufgaben.

Ich schloss die Tür, tastete mich zum Futon in den Schlafsack, zog den Reißverschluss zu. Aus dem Schlafsack ragten nur die Hände, gefaltet um die Taschenlampe wie um ein Kruzifix (erstorben zwar, doch man weiß ja nie). Dass es mein Finger war, der sich auf mein Kinn legte, hielt ich für wahrscheinlich. Auf der Innenseite der Lider spiegelte ich mich als selig vergeistigte Skulptur eines mittelalterlichen Sarkophagdeckels: Nun gute Nacht, kleine Maus. Und ich schlief ein.

Es ist keine Maus. Es ist nasser, glatter, kälter, was auf meine Hand am Schlafsackkragen geklatscht ist. So also geht Gellen. Ich höre mir beim Gellen zu und gelle sehr spitz und zerkratzt, ungehemmt, denn ich weiß, dass niemand da ist, der mich hören kann. Das ist widersinnig, doch alles ist widersinnig in diesem Augenblick, in dem der Schweiß aus der Haut stiebt, selbst aus Kniescheiben, und ich allein in einem zugezogenen Schweißdampfsack stehe – hoffentlich allein.

* * *

prolog. »Die Welt kennt viele Pilgerwege. Ich kannte nur einen: den Jakobsweg. Dort sagte mir ein Japaner, der längste und älteste Pilgerweg befände sich in seiner Heimat. Auf etwa 1 300 Kilometern umrunde er die Insel Shikoku. Pilger liefen hier im Kreis, schon seit 1 200 Jahren. Am Wegesrand lägen 88 Tempel. Die Zahl gebe dem Weg seinen Namen: *hachijūhakkasho*, die 88 Heiligen Stätten. ›Pilger‹ heißt auf Japanisch *henro*. Ein *henro* geriete in einen eigentümlichen Zustand, sagte der Japaner. Genau beschreiben könne er den Zustand nicht, aber benennen: *henro boke*.« (Aus dem Drehbuch zu: *88 – pilgern auf japanisch*, 2007)

Der Einstieg meines Dokumentarfilms ist kurz und bündig, sagt aber nicht ganz die Wahrheit. Sie ist ein wenig komplizierter. Auf dem Jakobsweg, den ich 2003 ging, hörte ich weder den Namen des japanischen Pendants noch den Begriff *henro boke*. Beides fand ich später in der Literatur. Verdächtig genug, wie sich der Erzähler hinter Konjunktiven versteckt. Zu Recht. Das Alter der Wallfahrt ist ungewiss. Legenden datieren die Gründung auf das Jahr 815 n. Chr., Historiker fanden vereinzelte Anhaltspunkte aus dem 12. bis 15. Jahrhundert, aber erst danach mehren sich zuverlässige Zeugen eines markierten Pilgerweges auf Shikoku. Unabhängig davon rechnen Forscher schon für das 4. Jahrhundert vor Christi Geburt mit indischen Wallfahrten zu den Wirkungsstätten Buddhas. Es gibt auch längere Pilgerwege, sogar in Japan: Der im Dezember 2006 eröffnete Weg auf Hokkaido misst 3 000 Kilometer. Selbst der Jakobsweg, der nur das Ziel und keinen Anfang markiert, ist für den Pilger, der beispielsweise in Tschenstochau aufbricht, weit länger als die Umkreisung der japanischen Insel. Trotzdem ist der Pilgerweg auf Shikoku unter japanischen Buddhisten berühmter und beliebter als jeder andere. Die Insel gilt ihnen als heilig.

Bei alledem versteht sich dieses Buch nicht als Korrektur des Films und schon gar nicht als ›Buch zum Film‹ (Salzgeber Medien hat noch DVDs auf Lager!). Ein Film kann nur davon erzählen, was die Kamera bezeugt. Das Buch schöpft auch aus anderen Vorräten. Auch ihm ist aber daran gelegen, vielleicht noch inniger, dem Versprechen des verheißungsvollen Zustandes namens *henro boke* auf die Spur zu kommen.

Anekdoten, Zeitungsreportage, Filmmontage – die Bearbeitungen haben die ursprüngliche Gestalt verformt und Material ausgeschlossen, das sich gegen das jeweilige Medium sträubte. Wie ein Restaurator versuchte ich daher, die Schichten der Übermalungen und Lackierarbeiten abzutragen und die Erlebnisse im ursprünglichen Verlauf freizulegen. Die Biologie hat offenbar Grenzen gezogen: Wenn bereits direkte Sinneswahrnehmungen das Ergebnis komplexer Selektions- und Kombinationsvorgänge des Gehirns darstellen, so sind Erinnerungen noch fragilere Gebilde. Wissenschaftlich betrachtet ist das Hirn lediglich in der Lage, eine Kernerinnerung zu speichern, um sie im Augenblick der

Vergegenwärtigung auszuschmücken, abzuschleifen, zu verzerren und anzupassen. Das originale Erinnerungsfundstück wird also bei jeder Freilegung kontaminiert. Das Ärgste sollen Originalbänder und Tagebuchnotizen verhüten (aber auch sie: lückenhaft!). Dass Konservierungsverfahren die Dinge verändern, gilt wohl besonders für Erfahrungen auf einem spirituellen Weg.

Die Überschriften der vier Buchkapitel entsprechen den Abschnitten des Pilgerweges: Erwachen, Disziplin, Erleuchtung, Nirwana. Das Muster gibt eine Form vor, nicht unbedingt den Inhalt. Wenn ich die Fäden meiner Reise zurückverfolge, hätten auch weniger esoterisch summende Überschriften genügt. Bessere Pilger, frommere Buddhisten, steigen die spirituelle Stufenleiter sicherlich höher als ich. Ob einer unter ihnen das Nirwana erreichte, ist nicht aktenkundig.

Um in Japan auf buddhistische Wallfahrt zu gehen, muss man kein Japaner, Japanologe oder Buddhist sein. Ich würde so weit gehen zu sagen: Es ist von gewissem Vorteil, nichts von alledem zu sein, sofern man Pilgern vom originären Wortsinn her versteht. Das lateinische »peregrinus« heißt: fremd, Fremder. Er kennt sich nicht aus. Nicht das Wiedererkennen und Wiederfinden sind die Antriebe so eines Pilgers. Er will ins Unbekannte. Auf dem Weg dorthin liegt meine Wallfahrt zu den 88 Heiligen Stätten der Insel Shikoku, der *Shikoku hachijūhakkasho junrei.*

Erwachen

Kilometer 0 / 22. März / Abend / Tag 0
zero. Hinter hängenden Zähnen zieht der Besitzer einer Fremdenpension Rotz hoch – sogar noch ein wenig rabiater als seine jungen Landsleute, die mir gerade die zwölf Stunden Flug zwischen Paris und Osaka zur Hölle gemacht haben. Es freut ihn nicht, dass ich nach grotesken Szenen an Schaltern, wo Japanisch-Unkenntnis auf Englisch-Unkenntnis prallte, einen Bus von Osaka nach Tokushima und einen Zug von Tokushima nach Bandō fand und nun mit meinem 45-Liter-Rucksack und Kameragerödel vor seiner Tür stehe.

Ich bin angemeldet. Neben mir steht Nobuo Morikawa, der liebenswürdige Chef (und einzige Angestellte) von *Pilgrimage Partners*, einer Anlaufstelle für ausländische Pilger, die kein Japanisch sprechen. Seine Übersetzerdienste sind allerdings nicht nötig, um zu verstehen, was unser Gegenüber nach einem flüchtigen Blick auf mich beschließt: *zero!* Alles belegt. Als Herr Morikawa ein Zimmer reservierte, hatte er möglicherweise vergessen, den Wirt darüber in Kenntnis zu setzen, wer dort übernachten soll: ein *gaijin*, ein Ausländer.

15

Der rasselnde Wirt hat offenbar keine Ahnung, mit wem er es bei meinem Gewährsmann zu tun hat: Nobuo Morikawa ist eine Legende, zumindest die Assistenz einer Legende. Er begleitete 1971 die amerikanische Japan-Koryphäe Oliver Statler auf dem *hachijūhakkasho*. Dorthin hatten sich vor ihm erst wenige Ausländer getraut. Statlers *Japanese Pilgrimage* wurde zum Buchklassiker – im zugegeben übersichtlichen ausländischen Freundeskreis asiatischer Pilgerwege.

Weniger bekannt wurde Statlers 1981 gedrehter Dokumentarfilm zum gleichen Thema. Darin schaufelt sich Herr Morikawa in weißem Judoanzug und traditionellem Strohkegel matschige Steilhänge hinauf. Das zerkratzte 8mm-Material zeigt auch weiß vermummte Menschenkolonnen beim Appell im Tempelgelände. Gespenstisch. Eine Sekte, die zum kollektiven Suizid antritt? Der Film wirkt, als gäbe er letzte Kunde über eine ausgestorbene Kultur. Herr Morikawa hat die Prozeduren und Riten offenbar überlebt. Etwas beschämt ist er lediglich über seinen Landsmann, der sich zum Abschied die nächste Gallone Rotz in seinen Rachen schnorzt. Je mehr ich mich an den Fremdenfeind erinnere, desto deutlicher sehe ich Stalaktiten aus morschen Kieferknochen ragen.

Ich frage Herrn Morikawa, ob man so seltsame Szenen wohl heute noch, 26 Jahre später, erleben könne. Ja, sagt er, das seien normal gekleidete Pilger, und so ähnlich sähe ich bald selbst aus. Und drückt mir einen Zettel in die Hand, eine Art Lied, das an den Tempeln gesungen sein will, sowie eine Lobpreisung auf den hiesigen Schutzpatron: »Namu Daishi Henjō Kongō.« Das möge ich bitte wiederholen, ja, einfach wiederholen, nicht verstehen, das reiche schon, das wirke von allein.

Nach einiger Suche findet Herr Morikawa doch noch eine Pension, die Ausländer mitsamt Unbeholfenheit aufnimmt. Die Nacht kostet 7300 Yen: 52 Euro. (PS 2011: Der Umrechnungskurs lag im Frühjahr 2007 bei 100 Yen / 0,71 Euro.) Das kneift im Budget des Jakobspilgers, der ein Zehntel des Preises gewohnt ist. Meine Absicht, mir das nicht anmerken zu lassen, scheitert, denn ich unterschätze, wie ungehobelt es wirkt, Scheine auf den Tresen zu blättern, statt sie mit beiden Händen wie kostbare Kleinodien darzureichen.

Herr Morikawa steigt in seinen Wagen und winkt. Ihn, meinen einzigen Verbündeten, werde ich frühestens in einem Monat wiedersehen. Sein Wohnort liegt auf der anderen Seite der Insel. Bis dahin sind es 900 Kilometer zu Fuß. In der Hosentasche reibe ich den Zettel mit seiner Telefonnummer – Herr Morikawa wird für mich künftig bei den Pensionen, die ich mir aus dem Kartenheft herauspicke, fernmündlich die Buchung übernehmen. Spontan anzuklopfen, sagte er mir, sei nicht üblich. Gut, am Flughafen ein japanisches Handy gemietet zu haben. Das eigene (nicht UMTS-fähige) wäre im japanischen Netz nicht zu gebrauchen.

Mein Platz im Speiseraum befindet sich vis-à-vis der Tür. Frisch gebadet sitze ich, Blickfang aller Eintretenden, auf einem Kissen und stopfe die Zipfel der Yukata in meinen Schoß. Das dünne Gewand, Mischung aus Bademantel und Hausrock, ist unterhalb des Taillengürtels offen. Ein Schneidersitz erfordert geschickte Knülltechnik, Schamlosigkeit oder Unterhosen. Morgen werde ich daran denken müssen.

Unverhohlen kontrollieren Sitznachbarn meine Stäbchenhiebe gegen den Fisch. Sie entgräten ihn blind. Zielsicher und flink wie Spechte picken sie die Erbsen, unter kernig offenmundigem Gelächter – jedenfalls die Männer. Frauen halten neckisch eine Hand vor den Mund. Ich glaube zu verstehen: Ich bin Tischgespräch, ich, der deutsche Lümmel, der nicht weiß, wie man isst und sich richtig anzieht.

Kilometer 0 / 23. März / Morgen

mon. Tempel 1. Am *mon*, dem Tor, zögere ich kurz, in die Zange genommen von den Blicken der beiden Wächter in den Torflügeln. Die Statuen weisen ungebetene Gäste ab, erstarrt in fauchend-grimmiger Drohgebärde mit funkelnden Augen dank eines kleinen geschliffenen Steins in der Pupille. War nicht wirklich von »Sekte« und sogar »esoterischer Sekte« die Rede gewesen im Zusammenhang mit dem Shingon-Buddhismus, der Religion, die auf dieser Insel das Sagen hat? Hinter der Schwelle beginnt der religiöse Bezirk. Neben mir lächelt leblos eine Modepuppe in Pilgerkostüm. Gleich werde ich selbst eine sein.

Vor mir liegen 1 300 Kilometer. Über die genaue Länge ist sich die Literatur uneinig. Die Angaben schwanken zwischen 1 200 und 1 650 Kilometern, je nachdem, welchen Weg man wählt und ob man auch noch zusätzliche Tempel ansteuert. Man geht also ungefähr von Kiel nach Wien. Klingt weit, aber der Weg bildet eine gewaltige Abkürzung, wenn man dem Shingon-Buddhismus glaubt. Herr Morikawa hatte mir vorgerechnet, wie viel Zeit man normalerweise braucht, um ins Nirwana einzuziehen: drei *kalpa*. Ein *kalpa* sei im Kalender schwer einzuzeichnen. Ich müsse es mir als Zeitspanne vorstellen, in der ein Fels zu Staub wird. Dieser Fels sei so groß, dass ein Ochsenkarren vier Tage benötige, um ihn zu umkreisen. Der Riesenfels werde nicht gesprengt und nicht zerklopft. Er werde nur gestreift, von einem Engel, der mit einem Schleier leicht am Stein vorüberstreicht. Alle hundert Jahre steige der Engel vom Himmel zur Erde nieder, nur für einen kurzen Tanz, so viele Jahrhunderte, bis der Fels zu Staub geworden sei. Das dauere ein *kalpa*. Drei *kalpa* – und ein frommer Buddhist erlange Buddhaschaft und Nirwana.

Ein frommer Shingon-Buddhist schaffe es, habe ein Mann namens Kōbō Daishi herausgefunden, wesentlich schneller: ohne lästige Wiedergeburten, in diesem gegenwärtigen Leben. Und wer ordentlich pilgere, zwinkerte Herr Morikawa, dem leuchte das Glück sogar schon nach etwa einem Monat, beim Eintritt in das letzte Viertel der Wallfahrt. Der Abschnitt sei mit »Nirwana« überschrieben. Das solle man vielleicht nicht ganz wörtlich nehmen. Aber wer beweise denn, dass nicht das ganze Leben eine Metapher sei?

Paradiese, gleich welcher Religion, bieten immer eine schöne Aussicht. So ein Ziel vor Augen, blickt man anders in die Welt: bedeutsamer. Allerdings ist es dann gut zu wissen, wo es lang- und losgeht. Da der *hachijū-hakkasho* einen Kreis beschreibe, sagt Herr Morikawa, sei es egal, wo man anfange; wichtig sei nur, dass man ihn schließe. Tempel 1 liege verkehrstechnisch am günstigsten. Hier starteten die meisten Pilger. Hier fänden sie alles Nötige: Karten, Utensilien, Klamotten. Deshalb stehe auch ich jetzt hier.

Die Wächter zögern zu lange. Mit einem Seufzer verbeuge ich mich und überschreite die Torschwelle.

Keiner *ist* Pilger. Jeder *wird* dazu. Und zwar, indem er oder sie sich verkleidet. Kostüm, Textbuch und Regieanweisung verhindern, dass man aus der Rolle fällt. Schritt für Schritt wächst man in seine Pilgerrolle hinein.

Der Tempel hält ein üppiges Sortiment bereit: An-
züge, Kettchen, Stäbe, Bücher, Hefte, Bilder, Schärpen,
ein riesiges Warenlager. Das meiste sieht aus wie Nip-
pes und Souvenirs, doch es dient nicht der Rückschau,
sondern der Vorbereitung. Es ist Ausrüstung und In-
strumentarium. Ein Angestellter hilft ohne viele Worte: weißer Kittel, weiße Hose, weiße Umhängetasche,
weißer Zettelblock mit länglichen Papierstreifen (»All
white, white is death!«), Kerzen, Weihrauchstäbchen,
dazu ein Buch mit einem leeren, vielfach gefalzten Blatt
für 88 Stempel und Kalligrafien der abzuklappernden
Tempel. Was für ein seltsamer Basar! Ich scheue unnötige Gewichte und Kosten. Auf dem Jakobsweg reichten
eine Faltkarte für die Stempel und eine Jakobsmuschel
als Erkennungszeichen. Ich gebe die Hose zurück.

Der Verkäufer empfiehlt auch Handschuhe, Seiden-
schärpe, Regenumhang, Rosenkranz, Klingel-Set, Heft
mit Mantras und Sutra (japanisch). Nein, ich sei damit
nicht overdressed. Ein Köcher mit kostbar bedrucktem
Rollbild, ebenfalls für Stempel und Kalligrafien?

Ich lehne ab.

Strohhut mit Aufschrift und Plastikbezug?

Lieber nicht (bloß keine falsche Folklore).

Aber wenigstens der Stab?!

Danke, aber ich habe ja schon mein Einbein-Stativ.

Der Verkäufer blinzelt gegen eine unsichtbare Licht-
quelle.

Das Spiel beginnt mit hohem Einsatz. Wer den
Armen mimen will, braucht offenbar Geld. Ich werde
außer nach Tempeln auch nach Banken Ausschau halten müssen.

Die Kassiererin paukt mit unwirscher Lehrermiene
einem grauhaarigen Anfänger ein, wie er den Rosenkranz richtig um die Mittelfinger wickelt, vor dem Gebet

mit leichtem Rasseln reibt, sich verbeugt, Sutra rezitiert. Die Begleitkommentare zu ihren Gesten bleiben mir verborgen, aber ein Wort sticht heraus: »... *boke, boke!*« Da ist es also, das seltsame Wort, das mich hierhergelockt hat. Im Zuge der Reisevorbereitung hatte ich mehr darüber in Erfahrung bringen können, genauer gesagt: durch das Buch *Making Pilgrimages – Meaning and Practice in Shikoku* von Ian Reader. Darin stand sogar eine wörtliche Übersetzung: *Boke* bedeute »senil«. Ein Pilger sei irgendwann so versunken, dass er gleichsam vergreise. Es klang alles in allem ein wenig mysteriös. Und nun sehe ich, wie ein (wahrscheinlich pensionierter) Adept, der eigentlich ganz rüstig wirkt, Nachhilfe darin bekommt, senil zu werden? Er nickt gehorsam. Was geht hier vor?

Den Garten zieren gut frisierte Büsche. Brücken biegen sich über Teiche, in denen sich Koi tummeln. Ich gehe los. Endlich wird es Zeit. Das Es ist zu Zeit geworden. Es geht los. Das Es bin ich. Ich bin der Zeiger, der vorwärtsgeht, im Zirkel, von Tempel zu Tempel. Ich bin Zeit. Mit der Zeit werden sogar die Bügelfalten aus dem Kittel verschwinden.

Kilometer 7 / 23. März / Vormittag

o-cha. Das unabdingbare Kartenheft ist so vollständig wie unlesbar. An die Leserichtung von hinten nach vorn und rechts nach links ließe sich gewöhnen, nicht aber an die ineinander verschachtelten, verwinkelten, die Nord-Süd-Ausrichtung ändernden Kartenfragmente mit lauter japanischen Schriftzeichen, Ortsnamen und Ergänzungen. Das Heft enthält alles, jeden Tempel, jede Pension, jedes Postamt, jeden Kiosk, jede Ampel – aber alles in japanischen Schriftzeichen versiegelt. Der Weg ist das Ziel, aber welcher? Gut, ich pilgere nicht, *damit*, sondern *indem* ich glücklich bin. Das nehme ich mir jedenfalls vor.

Es geht nicht eben zügig voran. Die erste Holzpagode: ein Baumkuchen aus geschichteten Flügeldächern. An Tempeln flattern bunte Fähnchen. Der erste Kessel mit glimmenden Weihrauchstäbchen. Vor einem Tempel duschen goldglänzende Steinbabys mit erhobenem Blick im Dauerregen eines Brunnens. Wenige Schritte nur, schon warten weitere Kompanien kostümierter Putten, kinderliebe Schutzgottheiten mit Lätzchen und Strickmützchen. Gott als Teddy.

Mit etwas Gebäck stärkt ein kleiner Priester seine Gäste, die sich den Luxus eines kleinen Abstechers zwischen Tempel 3 und Tempel 4 gönnen. Dort liegt der unnummerierte Tempel des Shingon-Mönchs Kosho Omoto.

Mönch Omoto ist eine zarte Erscheinung. Sein schmächtiger Leib steckt in niedlichen Pumphosen. Doch die energisch abgestützte, ja: hochgedrückte Oberlippe verleiht dem Unschuldsgesicht einen Hauch von Trotz, gemildert durch die Melancholie abwärtsgeneigter Augenwinkel. Er könnte ein früh gealterter Endzwanziger sein, ist aber ein jung gebliebener Fünfziger. Er ist nicht leicht einzuordnen. Er spricht Englisch.

Ich frage ihn nach einer Möglichkeit, günstiger zu übernachten als in Hotels und Pensionen. Umgehend setzt mich der kleine Mann in seinen Kleintransporter und chauffiert mich zu einem kleinen Häuschen, in dem viele schmale Zettel an den Wänden hängen und außerdem eine Karte der Insel. Darauf hat Mönch Omoto Kreuze verteilt; jedes bezeichnet eine kostenlose Bettstelle. Er überträgt sie sorglich in mein Kartenheft. Seite für Seite überprüft der Mönch, das Heft hat 107 Seiten. Am liebsten zöge ich meine Bitte zurück, denn die Zeit läuft mir weg. Ihm offenbar nicht.

Noch einen heißen grünen Tee – *o-cha*? Natürlich nehme ich einen Tee, ich bin nicht hier, um Angebote abzulehnen. Ob er mir eine Kalligrafie in mein Büchlein male? Die gefalzten Abschnitte sind zwar reserviert für die 88 nummerierten Tempel, aber das Buch sei, sage ich, ja noch fast leer, und Mönch Omoto hat Lust auf Kalligrafie, so wenig er, sagt er, mit Kōbō Daishi wetteifern würde.

Kōbō Daishi? Ja, der große Kōbō Daishi, der Schutzpatron. Der Tennō, erzählt Mönch Omoto, während er einige Splitter von der Tuschestange schnitzt und im Schälchen auflöst, habe dem verehrten großen Mann den Titel »Priester der fünf Pinsel« verliehen. Der begnadete Kalligraf hatte nämlich fünf Pinsel in indische Tinte getunkt, zwischen Finger, Zehen und Lippen gesteckt und in einem einzigen, gleichzeitig geführten Strich ein kompliziertes Schriftzeichen an die Wand des kaiserlichen Gemachs gemalt. Ein Zacken fehlte. Auf Sitzkissen gaffende Neider warfen einander Blicke zu. Doch der Listenreiche hätte die Schale genommen und die Neige derart auf die Wand geschleudert, dass in diesem einen kühnen Schwung ein perfektes neues Zeichen entstanden sei, jenes für ›Baum‹.

Die blecherne Musik aus dem Kofferradio macht Mönch Omotos engen Bretterverschlag nicht eben weihevoller. Auf der kleinen Arbeitsplatte türmen sich Dosen, Papierstöße und Schalen. Es scheint ihn nicht zu stören. Er taucht den Pinsel in die Tusche, und sanft schleift der getunkte Haarschweif über das Papier. Sechs Jahre lang habe er diesen Dienst in einem anderen, größeren Tempel versehen, sagt der Mönch, sechs Jahre habe er die gleiche Kalligrafie in die Bücher gemalt, doch nie sei es ihm stumpfsinnig erschienen, immer sei er selbst kurz ins Glück getunkt, neugierig auf die neue Variation des immergleichen Strichs, in dessen Spiegel er, der den Pinsel und sich selbst im Pinsel führe, seine gegenwärtige Befindlichkeit gesehen habe.

Wärme rieselt durch meine Halswirbel, während ich ihm über die Schulter schaue. Es ist dasselbe Gefühl, mit dem ich als Kind meinen Schwestern zusah, wenn sie ein Bild für mich malten. Das Hypnotisierende rührte vor allem daher, dass sie selbst dabei so selbstvergessen waren.

Als ich ihm sage, die Welt hier sei für mich sehr fremd, rät mir der rätselhaft alterslose Mönch, die Welt mit den Augen eines Babys zu betrachten. Ein Tisch ließe sich ansehen, ohne von seinem Zweck zu wissen, ohne Funktion oder Schönheit zu beurteilen. Ein Baby habe keine Idee von der Trennung und Einteilung der Dinge in wertvolle oder wertlose, richtige oder falsche, gute oder schlechte. Darin bestehe seine Unschuld und sein Glück.

So wird das nichts. Beim Packen feilschte ich um jedes Gramm. Und nun all die Täschchen, Zettelchen, dieser Ballast, der am Schlüsselbein drückt und vor dem Bauch baumelt. Was ich nicht bräuchte, könne ich liegen lassen, bietet Mönch Omoto an, denn ich käme auf dem Rückweg ja wieder bei ihm vorbei. Der Rundweg sei ja kein Kreis, sondern lege sich um die Insel wie ein Lasso mit Griffseil zwischen Tempel 10 und 1. Hinter Tempel 10 erst gable sich der Weg. Ich lege Kamerastativ, Reiseführer, Lexikon ab, kurz von der Frage angegriffen, ob ich sie jemals wieder abhole. An den Wänden des Tempels hängen gebrauchte Beinschienen und Krücken.

Befinden sich in den Schuppen noch andere Ersatzteil-
lager?

Kilometer 16 / 23. März / Abend

henro michi. Bis Tempel 4 ist der *henro michi*, der Pilgerweg, kurz, aber während meiner Abschweifung ist
die ohnehin dünn besetzte Karawane der Pilger längst
vorübergezogen. Nirgends ein weißes bewegliches Ziel.
Mönch Omotos Finger dirigierten vielleicht eine zu un-
gefähre Route in die Luft. Kaum aus dem Tempel, schon
verirre ich mich wieder. Erst spät begreife ich, dass läng-
liche Schilder mit roten Pfeilen nicht den Pilgerweg
markieren, sondern lediglich auf Vorfahrtsstraßen hin-
weisen. Deshalb sieht man sie überall, auch wenn man
längst vom Pilgerweg abgekommen ist.

Was für eine Irrfahrt, kreuz und quer im Gelände die
richtigen Zeichen auszuspähen! Solange ich die kleinen
Markierungen mit Pilger-Logo finde, geht die Schnit-
zeljagd in Ordnung. Sehe ich sie nicht, gehe ich mit hoher Wahrscheinlichkeit mit jedem Schritt einen Schritt
weiter weg.

Nach einigen interessanten Anstiegen, Gabelungen
und Entscheidungen erreiche ich eine Anhöhe mit Aussicht und entdecke zwei Pilger: dort unten, weit weg, im
Tal und auf der Straße. Ich werde das Bummeln nach
Bauchgefühl künftig lieber lassen.

Und da ist auch Tempel 4. Busse entladen kleine
Frauen in viel zu großen weißen Kitteln und Topfhü-
ten. Wieso tragen alle falsche Kleidergrößen? Eine Blüte
patriarchaler Ignoranz, die nur Männermodelle zulässt,
oder eine bewusste modische Fehlleistung? Während
Fahrer Windschutzscheiben polieren, werden Pilger-
führer auf der gerammelt vollen Terrasse des Haupttempels zu Platzanweisern. Die Besucherinnen schieben

und pressen sich wie in der U-Bahn von Tokyo, hier allerdings zum Zweck gemeinsamer Andacht, und stimmen ihren monotonen Singsang an, angetrieben von den klatschenden Takthölzern der Vorbeter. Ich warte auf einer Plastikbank.

Ein alter Mann leistet Beistand. Das Ergebnis meiner Lektüre im Sprachführer – »Ich kann kein Japanisch. Ich bin Deutscher. Ich bin Pilger.« – belohnt er mit einer Flasche Kaltgetränk. Seit einigen Kilometern schon lechze ich nach Limonade. Ganz Kulturbotschafter, empfange ich die Gabe mit dem Ausdruck innerer Bewegtheit. Gleich der erste Schluck betäubt meinen Gaumen. Ist das gemörsertes Gras? Doch ein Pilgergeschenk verschmäht man nicht. Ein Segen liege darauf, las ich. Und er verkehre sich ins Gegenteil, wenn man die Annahme verweigere.

Schnell Vokabeln lernen. Das wird den Fortgang beschleunigen:

Wo? *Doko des(u) ka?*

Links, rechts, geradeaus: *hidari, migi, massugu.*

Nicht mehr als eine Himmelsrichtung erhoffe ich, als mir auf der Straße eine steinalte Frau begegnet. Sie schaut schräg zu mir herauf, sie versteht, und sie versteht auch, dass ich nichts verstehe, nimmt mich an die Hand und, nein!, trippelt los. Zu spät, ich habe nicht rechtzeitig abgelehnt. Ihr Rückgrat ist längst der Erdanziehungskraft erlegen. Klein mag sie bereits vorher gewesen sein. Inzwischen zwingt die Rückenrundung den Kopf auf die Höhe des Schlüsselbeins. Tolpatsch und Schildkröte Hand in Hand. Es wird ein langer, endloser Kilometer zwischen kurzer Rührung über unser Zeitlupen-Duett und langer Beschämung darüber, eine bucklige Greisin als Lotsin gedungen zu haben. Widerstreitende Gefühle bereitet mir auch das unleserliche Lächeln der Beobachter.

Heiliges und Kunstschönes wäre zu würdigen im Museum des Tempels 5, wo 500 Statuen dicht gestaffelt im Halbdunkel stehen: staunend, finster, milde, mit aufgeworfenen Lippen und geweißten Fratzen. Niemand sonst ist zugegen, ich bin wohl einfach zu spät dran. In dem aushauchenden Holz kommt man sich vor wie auf einem Dachboden. Außerhalb des eigentlichen Wirkungsbereichs sind die Gottheiten nur noch einstaubende Kulturdenkmäler, Geisterbahnrequisiten, ausrangierte Spielzeuge.

Jetzt schon, während ich die Eindrücke im Tagebuch festhalte, sind sie verblasst, die Würdenträger, die sich hinter ihrem Holzgatter nun gegenseitig Grimassen schneiden und übertrumpfen im Wettbewerb um die längsten Ohrläppchen, die ihren Verzicht auf Reichtum bezeugen – wer hat sich bloß dieses groteske Symbol ausgedacht? Das erinnert mich daran, dass der Geldautomat meine Karte ablehnte.

5 500 Yen (40 Euro) kassiert der Tempel 6, in der ich meine erste Übernachtung als Pilger verbringe. Ohne Abendessen. Gediegene Askese: Ein niedriger Tisch auf den leeren Tatami-Matten erfüllt den Mobiliarbedarf. Der ästhetisch-meditativen Erquickung dient eine Nische mit langstieliger Blume.

Kilometer 28 / 24. März / Mittag

nana. Als mich rote – erschrockene, erschreckende? – Wächterstatuen vor Tempel 8 empfangen, weiß ich, dass es passiert ist: Ich habe einen Tempel übersprungen. Die Nummer 7. Sieben heißt *shichi* oder *nana*. Der Tempel liegt genau auf der Luftlinie und einzig möglichen Strecke zwischen Tempel 6 und Tempel 8, einen Steinwurf weit neben der Straße. Er ist eindeutig auf der Karte verzeichnet. Verflixt.

Zahlen lernen: Nach *nana* kommt *hachi*, *hachijū* heißt 80, *hachijūhachi* 88. Die Tempelbesuche, die Kalligrafien müssen am Ende komplett sein. Ein Aussetzer in meinem Kreislauf wäre nicht gut, so schädlich wie ein verschmähtes Pilgergeschenk. Umkehren? Lächerlich. Außerdem regnet es wie aus Kübeln. Auf dem Rückweg darf ich Tempel *nana* nicht vergessen.

Ganz gern wollte ich beim Wandern beschaulich vor mich hindämmern, aber: Pilger müssen wach bleiben. Dafür gibt es Rituale. In Tempel 10 habe ich langsam geschnallt, was wo zu tun ist:

Verbeugung am Tor (*mon*). Überschreiten der Schwelle (linker Fuß zuerst). Am Brunnen: Reinigung der Hände und – weniger oft praktiziert – des Mundes. Schlagen der großen Glocke. Gang zur Haupthalle (*hon-dō*). Anstecken der Kerze. Entzünden des Räucherwerks im Kessel. Treppen hinauf zur Veranda. Kleine Glocke schlagen. Spende einiger Münzen (*o-saisen*) im Opferstock (zuverlässig vorhanden). Gebet(e) an das Haupt-Kultbild. Sutra singen. Ortswechsel zur Kōbō Daishi geweihten Halle (*daishi-dō*), erneut mit Münzspende und Gebet. Im Tempelbüro (*nōkyō-sho*): Vorlage des Buchs mit den Leerseiten (*nōkyō-chō*) zur Eintragung (und Bezahlung: 300 Yen) von Tempelstempel und Kalligrafie. Innere Einkehr. Verlassen des Tempelbezirks mit weiterer Verbeugung.

Die sinnliche Aura des heiligen Bezirks prägen Weihrauchduft und Klang: Der Brunnen wird Schlagwerk im Aufnehmen und Absetzen der langstieligen Blechkellen. Unter wechselnden Rhythmen plätschert es lässig aus wasserspeienden Drachenmäulern, begleitet vom eiernden Gesang der Sutra. Ein Glöckchen hier, eines dort, und dann und wann wird alles überstimmt von einer pummernden Glocke. Diese Jamsession macht selten Pause.

Gewöhnungsbedürftig sind die Hakenkreuze. Die indische Swastika hat in Asien die Weltläufte unbeschadet überdauert. Sie ziert und bezeichnet alle Tempel, prangt liebevoll gebeizt, geschnitzt, gemeißelt, manchmal auch von Trauben umrankt, bemalt und glasiert wie Salzgebäck an Giebeln und Opferstöcken. Anders reisen: pilgern von Hakenkreuz zu Hakenkreuz.

Kilometer 37 / 24. März / Abend

dōgyō ninin. Ein Pilger, der unerreichbar weit voraus ist, scheint an jeder Biegung so lange zu warten, dass ich ihn nicht aus dem Blick verlieren kann. Irgendwann gelingt mir auch das.

Kaum ist das Kartenheft in der Seitentasche, schon ziehe ich es wieder heraus, drehe und wende seine verwinkelten und verdrehten Kartencollagen, diese Spitzenleistung der Platz-Ökonomie. Sie treibt mich in den Wahnsinn.

Aber ich bin nicht allein. Niemand ist das hier, denn jeder Pilger führt einen Stab, und der Stab ist in der höheren Pilgerwirklichkeit ein Mann: jener Kōbō Daishi, Pendant des heiligen Jakob, einer von Japans größten religiösen Nationalhelden, auf Shikoku gebürtig (mit Fragezeichen) und wirksam (mit Ausrufezeichen), überall anwesend, sichtbar oder unsichtbar.

Uberall stehen Statuen. Viele zeigen ihn als Bettelmönch mit riesigem gewölbtem Hut, Kutte und Schale. Überall hängen Bildnisse, mehr oder weniger gute Kopien des einzigen zu Lebzeiten – im Todesjahr – entstandenen Porträts: ein für sein Alter gut gehaltener Sechziger im Lotussitz auf einem Rahmenstuhl mit komfortabler Sitzfläche. Über die Beine breitet sich eine braune Robe, aus dem V-Ausschnitt ragt ein auffallend wuchtiger Kahlschädel mit breitem Kinn. Als Kōbō Daishi Modell saß, drang sein Ruf bereits weit über die Ufer seiner Heimatinsel. Längst stand er mit dem Tennō im Benehmen, seine neuen Ansichten zur Religion mit Staatssegen zu verbreiten. Aus dem Kind mit Namen Mao war ein einflussreicher Mönch namens Kūkai geworden, der den religiösen Namen Henjō Kongō (»der Erleuchter und Unvergängliche«) erworben hatte. Ein Berg von Namen, gekrönt von einem späteren Tennō, der dem populären Heiligen postum den Ehrentitel Kōbō Daishi verlieh: der Große Meister (*Daishi*), der weithin die religiöse Lehre verbreitet (*Kōbō*). Im Laufe der Jahrhunderte wurden 24 Mönche zu Daishis erhoben. Doch wenn heute von einem Daishi die Rede ist, meint jeder nur den einen: Kōbō Daishi.

Zu Lebzeiten bewanderte er seine Heimatinsel häufig und gerne, heißt es. Er gilt noch heute als persönlicher Begleiter jeden Pilgers. *Dōgyō ninin* – ›Zwei gehen zusammen‹, steht auf Strohhüten, Jacken, Stäben, und der Zweite ist immer Er. Kōbō Daishi ist der Stock, ich gehe mit ihm Hand in Hand. Ein perfekter Reisegefährte: nie schneller, nie langsamer als ich.

Theoretisch jedenfalls. Vielleicht war meine Idee doch nicht so ausgereift, mein Einbeinstativ einer Doppelverwendung zuzuführen. Kein anderer Pilgerstab sonst ist silbern, hat am Kopf eine Drehschraube und scheppert beim Aufsetzen. Ohne Sprachkenntnisse mache ich mich ohnehin der Ignoranz verdächtig. Das Geräusch kündigt von weitem schon den exzentrischen Fremdling an. Dabei wäre ich am liebsten unsichtbar, um besser beobachten zu können.

Ich stehe still. Drüben, jenseits der Leitplanken, bestellen Bauern das Feld: zwei einsame Gestalten, die langsam ihre Bahnen ziehen, Pflanze für Pflanze setzen, unbeirrt vom Nieselregen, der übergeht in senkrechte Regenschnüre. Tropfen klopfen auf meine Kapuze. Jetzt würde sich einer dieser wasserdicht bespannten Kegelhüte auszahlen, die tatsächlich jeder Pilger trägt – außer mir. Dunst trübt die Konturen der Männer, die bald nur noch als dunkle Punkte über die milchige Fläche wandern, wie im Einzelbildverfahren: Schritt, Innehalten, Schritt, Innehalten. Ein Pilgerbild.

Aus dem gemütlichen Stillleben reißen mich Pilgerstöckeln, Hundebellen, Gurren, wütende kleine Motoren der winzigen Daihatsus, die auf radfahrwegbreiten Straßen aufeinander zustürmen und sich im letzten Moment verfehlen.

Kilometer 49 / 25. März / Mittag
saburō. Der erste Bergtag. Bei diesigem Wetter geht es von 0 auf 745 Meter hoch, dann 400 Meter runter, dann wieder hoch zum Tempel 12 auf 700 Meter. Nie so hoch, dass man mit irgendeiner Zahl Eindruck schinden kann, aber so oft hoch und runter, dass es schlaucht.

Das verdunkelt den Blick auf landschaftliche Prachtentfaltung mit gestaffelten Kiefernwäldern, Gebirgsbächen und wuchernden Farnen. Erste Anzeichen von Eingewöhnung: tiefe Atemzüge auf Lunge beim Gang durch frisch gewaschenes Bambusgrün.

Schweiß schweißt zusammen. Auf einer Lichtung mit schamlos rosafarbener Doldenfülle rasten Pilger und belobigen – ein wenig zu auffällig, um keine Ironie zu wittern – das Übergewicht meiner Last mit vierzig Filmkassetten, Mikro etc. Dem Alter nach könnten sie meine Väter sein. Die meisten sind rüstig, dürr und sehnig. Kaum Fleisch. Pensionierte Marathonläufer? Auch das Lächeln wirkt sehnig. Leichtfüßig schultern sie ihre Kinderrucksäcke. Sie wissen, dass gute Gasthäuser über Necessaires verfügen. Überall herrscht feste Entschlossenheit zu Reduktion.

Regen überzieht das Wurzelwerk mit seifiger Lauge. Beim Abstieg warte ich auf das Ausrutschen. Fast erleichtert schlage ich auf. Der Schmerz beendet die Angst vor dem Schmerz. Der Sturz wird abgefedert vom Gepäck, leider auch von der Kameratasche. Sie baumelt seitlich wie ein Colt. Gut für lässigen Gang, schlecht für die Hüfte. Die Rippe sticht unter dem Bauchgurt, der strammsitzen muss, um die Schultern zu entlasten.

Ich flüstere probehalber: »Das Leere ist Form, Form ist Leere.« Das sagen alle. Sogar sehr laut. So lautet der Schlüsselsatz des buddhistischen Lehrtextes, des so genannten Herz-Sutra *hannya shingyō*, das in jedem Tempel gesungen wird. Gelesen, gemurmelt, genäselt, getrommelt. Anfangs geniere ich mich beim Mitsingen, wie jemand, der sich uneingeladen bei einem Familienfest eingeschlichen hat. Der typische Gast ist Japaner und über sechzig Jahre alt. Auch andere Altersgruppen sind vertreten, aber nicht andere Nationen, ganz anders als auf dem Jakobsweg. Mit der Zeit murmle ich einfach mit.

Um Rituale zu vollführen, braucht man kein strenggläubiger oder überhaupt gläubiger Buddhist zu sein. Das Pilgerparadies ist offen für alle, auch die, die keinen Zugang haben zu Mantras und Mudras, jenen heiligen Silben und kunstvollen Handgesten, die aus der Ferne so kurios wirken wie Bekreuzigung und Segen auf einen Buddhisten, der zum ersten Mal eine christliche Messe besucht.

Leichter auswendig zu lernen als das seitenlange *hannya shingyō* ist die zweite Formel: »Namu Daishi Henjō Kongō«. Immerhin verriet mir Herr Morikawa inzwischen telefonisch, was es heißt: »Ehre sei dem Erlöser Daishi, dem Erleuchter und Unvergänglichen.« Ich ziere mich ein wenig mit dieser Anrede, schließlich kenne ich den Herrn ja kaum. Vielleicht aber ist Skepsis deplatziert, denn irgendwo hier, auf dem Weg zu Tempel 12, starb infolge seiner Missachtung Emon Saburō.

Er ist das Vorbild, ja: mythisches Urbild vieler Pilger. Ein Holzschnitt zeigt ihn als garstigen Mann mit straff gebundenem Haar und erhobenem Stock. Er holt aus, um ihn auf einen Bettelmönch mit Holzschale niedersausen zu lassen. Sieben Tage lang hatte er den lästigen Bittsteller abgewiesen, am achten schlug er zu. Die Schale brach in acht Teile, der Mönch trollte sich. Nicht lange, und der ungläubige Saburō verlor einen Sohn. Im Tagestakt auch die Söhne zwei bis acht. Da ging Saburō ein Licht auf, wen er von seiner Schwelle gestoßen hatte. Er rannte hinterher, reumütig, von Tempel zu Tempel, hinterlegte für den verprellten Mönch Briefe mit der Bitte um Vergebung, leider vergeblich. Als Emon Saburō nach vollständiger Inselumrundung wieder zuhause eintraf, lief er weiter, immer weiter. Auf seiner 21. Runde ersann er den Trick, dem Daishi nicht hinterher-, sondern entgegenzulaufen, aber bald wurde ihm schwindelig. In der Gegend von Tempel 12 legte er sich zum Sterben nieder. Der Gesuchte erschien, verzieh, drückte Saburō einen Stein in die Hand und wünschte ihm angenehme Reinkarnation. Saburō ging in Frieden. Den Stein fand man später wieder: in der Faust eines Neugeborenen unweit von Tempel 51.

Der legendäre Emon Saburō machte Schule: Alle Gläubigen folgen Kōbō Daishi, beten zu ihm, greifen zu

Papierstreifen (*osame-fuda*) mit dem Logo des Mönchs auf dem Rahmenstuhl, beschriften sie mit Absender und Reisezweck, werfen sie in die Kästen der Tempel, hoffen auf Linderung ihrer Leiden, auf Läuterung und Erleichterung. Und nehmen gern in Kauf, dass Emon Saburō möglicherweise niemals existierte.

Kurz vor dem Bergtempel mischt sich in mein Keuchen ein ungesund klingendes Summgeräusch. Je leiser das Keuchen, desto lauter das Summen. Es ist der Gesang aus den Kehlen ausgeruhter Bustouristen in blütenweißen Pilgerkostümen mit Sitzknitterfalten.

Kilometer 61 / 25. März / Abend

sockenmaschine. Um einen Tisch sitzen mannhafte Männer, geeint im Gefühl bestandener Bergbezwingung. Die Pension ist bescheiden und familiär. Rosa Stoffvorhänge, altgrüne Wände, es riecht nach Reis und Bügeleisen. Zarte Naturidyllen auf den Schiebewänden. Angeregtes Geplauder. Plötzlich: »Socks machine.«
Das kommt vom entfernten Punkt des Tisches.
Auch ein Dicker mir gegenüber horcht auf, obwohl er gern lustig wippt und schlürfend lacht. (Ich tippe sofort auf Geschäftsmann, er ist aber Mönch.) Bisher war ich ein stummer Monolith im Hin und Her der fröhlichen Verdauer. Bisher beschränkte sich mein Beitrag darauf, meinen Sitznachbarn zu nötigen, seine geschundenen Füße mit meiner Hirschtalgcreme zu massieren (ja, bitte, *dōzō*, richtig fett einstreichen – da trug die Wirtin das Dessert auf …). In meine einsetzende Dämmermüdigkeit drang zunächst ein »Danke schön«. »Danke schön – perfekt!«, rief ich erwartungsvoll und streckte mich, doch es hatte sich daran nichts angeknüpft, und ich verfiel erneut in trübes Grübeln, welche Geheim-

tipps hier so lebhaft und freigebig ausgetauscht wurden. (PS 2011: Nach meiner Rückreise erfuhr ich, sie klagten, wie leicht man in dieser Gegend die Orientierung verlöre.) Ich lauschte auf Durchsagen, die von draußen durch die Wände drangen. Sie klangen wie Bombenwarnungen und Kommandos zur Evakuierung.

»Socks machine« liegt auf dem Tisch wie ein Meteorit, fallengelassen von einem Herrn, dessen Äußeres ich sofort vergesse. Die Runde hält still. »Sockenmaschine?«, wiederhole ich perplex und tupfe auf meine Socken. Er erläutert: »Corretta-Company, colletta, toletta, corretasha …« Ich spiele jemanden, dem die Lösung auf der Zunge liegt. Was für eine absurde Idee trieb mich ohne Japanisch-Kenntnisse in dieses Land? Die Liebe zur Absurdität?

Meine heimlich postierte Kamera notiert auch den Moment glückhafter Kommunikation: einen quiekenden Knirps, der Sohn des Hauses, der von Sprachbarrieren nichts weiß. Er will spielen, wetzt über die Bastmatten, schlägt mit Anlauf auf meinen Hintern, lässt sich hinter einem Paravent aufspüren, einfangen und über den Boden schleifen, bis seine Mutter ihn für die Störung schilt und entfernt. Bedauerlich. Sie unterbindet meinen fröhlichsten Dialog seit Tagen.

Kilometer 61 / 26. März / Morgen
aruki henro. Einer der Tischgenossen ist anders als die anderen. Die Wirtin gibt zu verstehen – verstehe ich richtig? –, es handle sich um einen besonderen *aruki henro*, also einen Fußpilger. Aber sind wir das nicht alle, abgesehen von den chauffierten Touristen? Das Besondere besteht zunächst nur im weißen Wickel um seine Waden. Der Mann ist nicht älter als die anderen Alten,

doch sie bekunden tiefen Respekt vor ihm. Er solle die Schlafkammer mit mir teilen, sagt die Wirtin, nachdem ich bezahlt habe.

Gern spendiere ich dem Heiliggesprochenen die Nacht – wer weiß, wozu das gut ist – und versuche die Aura zu spüren. Zwischen unseren Matratzen ist nicht viel Platz. Er winkt mich zu sich. Ich rutsche heran. Er nestelt in einer Tasche, zückt sein *nōkyō-chō* und öffnet es mit so zierlicher Vorsicht, dass ich kunstvollste Illustrationen vermute. Schmatzend lösen sich die Seiten. Zu sehen ist – nichts. Nur orangerote Farbe, Blatt für Blatt. Bei seiner ersten Reise hat der Pilger die Kalligrafien malen und mit den jeweiligen drei Stempeln versehen lassen. Auf seiner zweiten Wallfahrt wurden nicht die Kalligrafien erneuert, aber die Stempel. Mit jeder weiteren Runde kamen neue Stempel hinzu. Sie tränkten die Seiten, sein Buch wurde ein Stempelkissen, und dieser zähe ruhige Mann, der sein Alter mit 60 Jahren angibt, malt mit dem Finger auf die Tatami-Matte die Anzahl seiner absolvierten Wallfahrten: 108. Er hätte sein Buch auch in einen Topf Stempeltusche tauchen können, das Endprodukt hätte nicht anders ausgesehen. Wieder denke ich an die Sutra-Pointe: »Leere ist Form, Form ist Leere.«

Nachts reißen mich Wadenkrämpfe aus dem Schlaf, als binde jemand mit meinen Muskelfasern Schifferknoten.

Kilometer 75 / 26. März / Morgen

osame-fuda. Der Wunsch, zum Abschied das Opus zu filmen, geht nicht in Erfüllung. Mein Zimmerkamerad entzieht das Unentzifferbare der Sichtbarkeit. Er grüßt und strebt davon – gegen den Uhrzeigersinn.

Zurück auf die Straße. Unauffällige Ländlichkeit. Ich kann mir nicht helfen: Die tönende Reihenfolge der Abschnitte – Erwachen, Disziplin, Erleuchtung, Nirwana – mit ihrer festen Anbindung an die vier Präfekturen der Insel ist etwas gewagt, wenn egal ist, wo man anfängt und in welcher Richtung man geht.

Auf der roten Linie der untersten Karte links angekommen: Triumphgefühl des Umblätterns. Die Füße haben richtig buchstabiert.

Es hält nicht sehr lange an. Der Stolz über die Verwegenheit meines Unternehmens erlitt durch den Dauerpilger einen Dämpfer. Die Könige dieses Weges sind unendlich weit voraus. Dauernd muss ich Platz machen, selbst in verödeten Ortschaften, die wie ausgestorbene Westernstädte wirken: zwar besenrein und ohne rollende Strohballen, aber auch ohne Fußwege. Die Durchgangsstraße ist ein Parcours aus Tonnen, prallen Müllbergen und parkenden Fahrzeugen. Dazwischen ist gerade noch Platz für ein Auto. Und sobald ich zum Überholmanöver ansetze, kachelt garantiert eines hier durch.

Um jedem Vorwurf zuvorzukommen, lächle ich. Ich lächle das Lächeln dessen, der auf Wohlwollen angewiesen ist. Ich lächle, obwohl ich mich ständig verlaufe, weil die roten Pilgerpfeile, die an Masten und Stämmen kleben, so klein sind, dass ich sie erst sehe, wenn ich weiß, wo sie sind. Mein Weg ist der Irrweg. Dauernd lasse ich mir auf der Karte meinen Standpunkt erklären, verstehe nichts, rechne mir etwas aus, stets falsch.

An Tempel 15 ergreift eine Greisin (Shikoku ist voll davon) mein Handgelenk. Ich könnte sie im Gebrüll der Schaufelbagger, die das Gelände umgraben, auch mit Sprachkenntnissen nicht verstehen und weiche aus, doch sie hält mich fest und angelt mit der freien Hand in einem jener silbern geschmirgelten Kästen, in die ich, seit ich von Emon Saburō las, eifrig meine *osame-fuda*-Papierstreifen werfe. Sie werden gesammelt, gebündelt und einmal im Jahr zeremoniell verbrannt. Der Rauch stellt die Botschaften zu. Es könnten sehr intime Wünsche sein, verbunden mit Lebensbeichte und Herzeleid. Deshalb bin ich baff, wie unverhohlen die Frau im göttlichen Briefkasten stöbert, einen Streifen herausfischt und mir übergibt. Er ist nicht weiß wie die meisten, auch nicht rot oder grün oder silbern wie Papiere, die farblich signalisieren, dass ihr Besitzer den Weg schon öfter gelaufen ist. Es ist ein goldrot durchwirkter Brokatstreifen: die Luxusedition, reserviert für Meisterpilger wie meinen heiligen Stubengenossen, die die Reise über hundert Mal absolviert haben. Die reich bedruckte Rückseite kann ich nicht entziffern. Nur eine arabische 385, umrahmt von Flammen. Ein Witz?

Heute brennt zur Abwechslung die Sonne und röstet meine Nase.

Kilometer 86 / 27. März / Abend

kimochi ii. Weder Automat noch Bankschalter können etwas mit dem Magnetstreifen meiner Kreditkarte anfangen. Zum Ausgleich gewinne ich einen Gefährten: Makoto. Er hat mich am Vortag heil durch das unübersichtliche Tokushima, Hauptstadt der gleichnamigen Präfektur, gelotst. Ihm verdanke ich die Einsicht, dass ich diesen Ort bereits kenne: Vor vier Tagen bestieg ich hier die Regionalbahn zu Tempel 1. Der Bummelzug hatte für die Strecke vierzig Minuten benötigt.

Makoto wirkt fast füllig. Eine stabile Haupthaarkappe beschirmt das breite, gutmütige Gesicht, das keine Kanten kennt. Polster runden Finger, Nase, Lider. Kaum zu glauben, aber der teigige Mann hielt letztes Jahr einen Marathon durch. Das heißt, natürlich ist es zu glauben. Nichts liegt diesem diskreten Läufer ferner als Prahlerei. In seinem Wesen wirken ein starker Wille, eine fast rührende Korrektheit, viel Geduld und noch mehr Bescheidenheit.

Makotos Englisch ist schwächer als meines. Wir schürfen Vokabeln. Bis ein Wort fällt, vergehen stille Minuten. Um nicht zu erschrecken, beginnen unsere Sätze mit förmlicher Anrede. Während dieser Zeit wird Herr Koll zu »Koru-san«. Das fällt dem japanischen Mund offenbar leichter, und so stelle ich mich irgendwann auch Unbekannten vor.

Wenige Kilometer nur, schon kenne ich Makotos Beruf. Er ist Lehrer, 30 Jahre alt. Zwei Dörfer und einen Obstladen später, in dem Makoto mich mit beschwörend erhobener Hand davor bewahrt, eigenmächtig einen Apfel aus der Kiste zu nehmen (statt dem Verkäufer zu bedeuten, welchen Apfel er mir bitte aushändige), kenne ich auch seine Unterrichtsfächer: Geschichte und Ethik. Das aktuelle Thema sind ›Probleme von Jugendlichen‹. Das ergebe sicherlich spannende Diskussionen, sage ich. Kurzgefasst lautet Makotos Antwort: In Japan bedeute Unterricht, dass der Lehrer referiert, was das Schulbuch diktiert, und die Schüler schreiben mit. Nun gut, sage ich, aber vielleicht sei das Buch schon alt, und die Probleme hätten sich mittlerweile geändert; er könne ja mal nachfragen. Das habe nicht viel Sinn, fürchtet Makoto. Die Schüler würden individuelle Probleme nicht benennen, denn es könnten die falschen Probleme sein; die richtigen Probleme stünden ja im Buch.

Während wir uns wie japanisches Geschenkpapier behandeln, haken wir Tempel ab, unterbrochen von ernüchternden Wegen am Rand vierspuriger Schnellstraßen. Der schnürlige Dauerregen ist auszuhalten, die Gischt der Kleinlaster nicht. Tempel bieten Regenschutz.

Bisher waren es 19: Tempel im Geflecht von Stromleitungen und Masten, anstrengend zu erklimmende Tempel, Tempel in Bergen, Tempel in Städten, nüchterne Tempel, blumige Tempel. Fotogen posieren Sakralbauten, Stupas, mal als riesig aufgeschossene Pilze, mal als mehrgeschossige Pagoden. Manche Gottheiten halten zierliche Schalen und verströmen Milde, manche halten Schwerter und verlangen Respekt. Volle und verlassene Tempel, stumpfe und in Nässe glänzende Tempel, unablässig nickende Blätter fleischiger Pflanzen unter überlaufenden Dachrinnen.

Die meisten Tempel liegen erhöht. Berge sind bevorzugte Orte für religiöse Rituale. Hier residierten bereits Ahnengeister und Erdgötter des japanischen Shintoismus, bevor der Buddhismus einzog. Die mit dem Tennō verwachsene Naturreligion verträgt sich heutzutage gut mit dem Shingon-Buddhismus (was man nicht für alle Epochen behaupten kann).

Makoto ist nicht nur Lehrer, sondern auch Sohn eines Shintō-Priesters. Seine Pilgerreise bedeutet keine spirituelle Rebellion. Die Beliebtheit des *hachijūhakkasho* rühre daher, sagt er, dass viele unterschiedliche Gottheiten friedliche Nachbarschaft pflegen. Der Shingon-Buddhismus sei auf Shikoku Hausherr, aber kein Monopolist: Neben eigenen Gottheiten seien auch andere willkommen. Wer sich in Japan zu Shingon bekenne, bekenne sich oft auch zum Zen-Buddhismus oder zu anderen Religionen. 80 Tempel des Weges fühlen sich Shingon zugehörig, die übrigen 8 verteilen sich auf Tendai, Zen und Jodo-shin. Knapp die Hälfte aller Tempel teilt sich den Platz mit einem Shintō-Schrein.

Endlich auch mal lichtdurchfluteter Wald. Bäche. Schmale Stege, klein wie Käfer, krümmen die Rücken für Fußgänger. Redlich gräbt sich Makoto durch den Stollen der Worte, um mir buddhistisch auf die Sprünge zu helfen. Geduldig zeigt er mir die zum Ring geformten Finger des Buddha, Bilder im Frontispiz mancher *bosatsu*, jener hilfsbereiten Gottheiten, die reine Barmherzigkeit für die geplagte Menschheit davor bewahrt, in unerreichbare Buddhaschaft zu entschweben.

»Koru-san, look, a Jizō!«

»Makoto-san, who is Jizō?«

»Koru-san, Jizō bosatsu helupingu and purotectingu chiludurenu and tuleverelu.«

»Travelers? Makoto-san, but who is this Jizō? How did he become Jizō?«

»Koru-san, Jizō is Jizō.«

Auch zeigt er mir den zornigen Myōō, Gottheit dritter Kategorie, der den Lerneifer der Schüler anfacht. Makoto erklärt Tore, bedeutsame Pferdestatuen und lockenvoll frisierte Hunde aus Stein. Noch mehr freue ich mich, als er mir eine praktische Einführung in japanische Lebensart in Aussicht stellt: »Koru-san, we take bath together.«

Der Vorraum meines Pensionszimmers misst einen Quadratmeter. Genug Platz für zwei Paar Hausschuhe, deren Gebrauch im eigentlichen Zimmer nicht vorgesehen ist. Sie stehen für das Ritual des Austretens parat: sockfuß runter vom Tatami-Plateau, rein in blaue Hausschuhe, ein Schritt zur Tür der Toilette, raus aus den blauen Hausschuhen, rein in die braunen Toiletten-schuhe, rein ins Klo, fertig, wieder raus, raus aus den braunen Toilettenschuhen, rein in die blauen Hausschu-he, ein Schritt, raus aus den Hausschuhen, rauf auf die Tatami-Matte.

Frische Wäsche schnappen, runter und rein in die Hausschuhe, raus aus dem Zimmer, über den Flur hin zum *o-furo*, dem Baderaum, vor dem drei Batterien einander gleichender, hauseigener Hausschuhe stehen, lediglich unterschieden durch die Größe. Makoto war-tet bereits und hält einen (leider vom Vorgänger noch feuchten Holz-)Schemel besetzt.

Links und rechts scheuern sich Nachbarn mit strammgezwirbelten Frotteelappen emsig ihre Rücken rot – eine Hygiene-Marotte oder feierabendliche Geiße-lei unter Pilgersleuten? Irgendein Kauz verfällt auf die drollige Idee, sein Läppchen zu falten und auf seinen Kopf zu legen. Belustigt folgt ihm mein Blick zum Bade-becken – wo lauter Männer mit Mützen aus gefalteten Frotteeläppchen sitzen.

Ich falte das Läppchen, lege es auf meinen Kopf und steige in das Becken, erleide einen Hitzeschock und ler-ne von Makoto den Code, der mir auf immerdar Auf-nahme gewähren soll in die Brüderschaft der Badenden: Arme ausbreiten, Kopf zurücklegen und befreit aufseuf-zen: »Kimochi ii« (lautlich: *kimotschi iiiiiiii*), »Ich fühle mich gu(uuu)t.«

Bei Siedetemperatur denke ich über meine Zukunft nach: Frisch gesotten werde ich gleich in Pantoffeln steigen, und es werden mit größter Wahrscheinlichkeit nicht meine eigenen sein. Das bringt der rege Verkehr im Vorraum zum Bad mit sich. Die Pantoffeln steckten an Füßen, die dreißig Kilometer lang keine Luft bekommen haben: nasswarme Nester für Pilze, Sporen, Bakterien aller Art. Jetzt warten sie auf den nächsten Fuß, um zwischen seinen Zehen auf Wanderschaft zu gehen. Wieso hatte ich meine Birkenstocks sofort entsorgt, als der Heilige der 108 Runden sie bemerkte und einen Blick aufsetzte, als trüge ich Schlips und Manschetten? Noch ärgere Gefahren birgt die traditionelle Hocktoilette, ein Bodenschlitz. Wie denn vermeiden, dass in die Gemeinschaftsgummisandalen all der Unrat sickert, Urin und Kot? Sieht denn niemand, wie Hygienewahn ins Gegenteil umschlägt? Ich versuche es mit Telepathie. Makoto ist allerdings vertieft in die Blasen, die seine Zehen an der Oberfläche des Wassers erzeugen.

Während wir das Bad verlassen, unsere Frotteemützen absetzen und das dünne Waschläppchen unter regelmäßigem Auswringen als Handtuch verwenden, überlege ich fieberhaft, wie ich meine Mission erfülle: Wie soll ich angesichts der grassierenden Ansteckungsparanoia und überall anzutreffenden Atemschutzmasken Makoto über das unabweisbare Fundamentalproblem unterrichten? Es kommt nicht dazu. Makoto betrachtet zufrieden das Allzwecktüchlein: »Small is beautiful.«

Er warnt mich allerdings, dass mein Anker-Tattoo in manchen Bädern unerwünscht sein könnte. Jahrhunderte lang trugen nur Yakuza Tätowierungen.

Kilometer 89 / 28. März / Morgen

ki. *Ki* ist Lebensenergie, *kiri* ist Nebel, *kirin* heißt ein Bier. Makoto und ich tranken gestern Abend davon, nachdem er eine etwas abgelegene Pension auftrieb, deren Shuttle uns direkt vom Pilgerweg aufsammelte. Dort auch stand ein Kiosk. Kirin weckte in Makoto den Erzähler. Bald hatte er Papier und Stifte bei der Hand und malte unermüdlich Zeichnungen und Pfeile. Es ging um eine schandbare Frau, deren Zopf sich in ein Glockenseil flocht und dort verfangen blieb – wir sahen das monströse Tauwerk in Tempel 19. Die nächste Geschichte handelte von einem Fürsten, der eine Salzquelle in Beschlag nahm, worauf sie versiegte, bis er den Pilgern Abbitte leistete. Makoto erzählte von scharfkantigen Flussmuscheln, die in die Füße der Pilger schnitten, bis Kōbō Daishi die Muschelform mit einem Zauber rundete und glättete. Auch von einem Mädchen mit pfirsichgroßer Wucherung am Hals … lauter Pilgergeschichten, die uns die Zeit verkürzten.

Noch leicht benebelt vom Vorabend, verspäte ich mich heute Morgen. Festgesetzt ist Abfahrt um 07:30 Uhr, um die Pilger der Pension zurück zur Route zu spedieren. Als ich 07:33 Uhr erscheine, warten alle. Das *ki* im Wagen ist hinüber. Kein Wort von Vorwurf oder Missbilligung. Man ist verstört.

Auf der Fahrt passieren wir eine Tankstelle. Ein Tankwart in gebügelten Overalls und weißen Handschuhen lotst Kunden passgenau zurück auf die Straße. Mich beschießen Bilder meiner (ersten) Ankunft in Tokushima. Ich hatte mir die Wartezeit auf dem Bahnhof damit vertrieben, Buslotsen zu beobachten: wie sie, wenn sich die Abfahrtszeit näherte, in immer kürzeren Abständen die Uhren zückten, immer wieder, bis sie pünktlich, ja: punktgenau den Arm mit dem weißen Handschuh in exaktes Winkelmaß hoben, worauf der Bus piepsend aus der Parkbucht setzte.

Noch ein zweites Bild drängt sich mir im umwölkten Wagen ins Gedächtnis: ein junger Mann am Strand, der andauernd zwei Paar Schuhe im Sand verschob. Alle Augenblicke drehte er die Paare geringfügig und hob dabei, wie ein Golfspieler beim Putten, kurz den Kopf und blickte prüfend über das Meer. In genauer Gegenrichtung der Schuhe schwamm ein älteres Paar. Je nachdem, wohin es trieb, justierte der junge Mann das Doppelpaar nach. Sobald die Partner in verschiedene Richtungen schwammen, ordnete der emsige Autist die Schuhpaare zu einem Winkel. Jedes neue Ausrichten löste für einen Augenblick die Anspannung in Glückseligkeit.

Im Transporter sinkt die Schweigetemperatur auf den Gefrierpunkt. Ich störe. Es besteht tatsächlich kein vertretbarer Zweck darin, einen Ort zu begehen, der mich nichts angeht. Kein Zeichen richtet sich an mich, den Taubblindstummen. Meine Anwesenheit hier ist reine Behauptung. Ich bin da, wo ich nicht hingehöre, es ist ein Unsinn. Und zu alledem strapaziere ich die Geduld, die Duldung meiner Person. Alles wäre in bester Ordnung ohne mich. Schwer erträglich mag die Anwesenheit eines Fremdkörpers sein, gänzlich unerträglich ist seine Abwesenheit, wenn er anwesend sein sollte. Er stiehlt der Gegenwart die Zeit.

Ich lächle. Makoto lächelt zurück. Als wir losgehen, ist es 07:42 Uhr.

Kilometer 119 / 28. März / Nachmittag doitsu. Punktgenau um 09:00 Uhr rasselt die Jalousie einer Kabine hoch, in der sich Geld befindet. Mit verlässlicher Routine weist der Automat meine Kreditkarte zurück. Nicht nur dieser Automat. Auch der nächste. Der nächste auch. Dieses Land gibt sich nicht damit zufrieden, mir mein Geld zu verweigern. Auch nicht damit, mich zu zwingen, mein gesamtes Vermögen als Barschaft mitzuschleppen. Es teilt mir sogar mit, was danach passiert: Zeichnungen an der Kabinenwand il lustrieren einen Diebstahl – ein zähnefletschender Räuber und eine Zeichentrick-Heidi mit erhobenen Händen und aufgerissenem Mund.

Eine Warnung, natürlich. Aber inzwischen kommt es mir vor, es handle sich auch um eine Anweisung für das Opfer zum vorschriftsmäßigen Gebrauch der Mimik. Habe ich nicht mehrfach studieren können, wie spontane Reflexe Vorbilder aus Manga kopierten? Wäre Mimik ein Schulfach, hätte meine gestrige Wirtin erstklassige Noten bekommen. Als es galt, Staunen zu demonstrieren, formte sie den Mund kreisrund, zog die Brauen hoch zu symmetrischen Sicheln und ließ den Atem in gleichmäßigen Intervallen stocken. Sie reagierte damit auf meine Visitenkarte, die ich zückte, um mich für ihre Herablassung zu revanchieren. (Ich hatte in japanischer Schrift drucken lassen, ich sei Universitätsprofessor in Literaturwissenschaft. Zugegeben: eine Flunkerei. Eine Geheimwaffe im Rangordnungsmanöver.) Der Schreck »durchfuhr« den Leib der Wirtin. Oder hatte sie mich einfach nur durchschaut und war bestürzt über die Dreistigkeit? Jedenfalls änderte sich alles. Das zustimmende »Ja«, ihr *hai*, wurde ein stoßatmig zuckender Befehlempfangslaut, ein flaches, unterdrücktes Niesen mit zur Erde geworfenem Blick. Ich werde nicht schlau aus dem mimischen Expressionismus. Er scheint aus dem spontanen Impuls sofort alles Individuelle herauszurechnen und in eine gesellschaftlich akzeptierte, verbindliche Form zu pressen. Wie träumen Japaner?

Übertriebene Verlegenheit ist ganz schön gerissen. Sie bringt wiederum mich in die Verlegenheit, angemessen zu reagieren. Eilig abwiegeln, beschwichtigen, händewedeln – sinnlos. Es wäre womöglich beleidigend, die auf Knien rutschende Hausdame zu bitten, mir die

Scham zu ersparen. Ich würde sie an der perfekten Erfüllung ihrer Rolle hindern.

Stunden gedeihenden Misstrauens: Alles ist auffällig gut beschützt. Die Pilger wirken verpackter als sonst. Kilometerlang erstrecken sich heute halbrunde Gewächshausschläuche in die Tiefen der Ebene und strahlen futuristisch gegen das dunkle Gewölk. Ganze Plantagen sind voll von Bäumen mit einzeln in Papier gewickelten Orangenblüten. Angst, die an Bäumen wächst. (Aber dann wieder so lax mit den Pantoffeln verfahren!)

All das wäre ja trotzdem kein Grund, mich auszusperren. Sie wollen also meine Kreditkarte nicht akzeptieren. Sie wollen mich nicht akzeptieren.

Ich kompensiere die Verweigerung meiner Existenzberechtigung mit einer Autogrammstunde in Tempel 21, wo ein steinerner Kranich spreizend sein Gefieder lüftet und eine Putzfrau den Kies picobello saugt. Der Anstieg zum Tempel ist steil. Bequemere Gemüter lassen sich mit gelben Seilbahnen hinaufziehen. Vollgestopfte Waggons fördern Ladungen bimmelnder Pilger zu Berge, unter anderem eine dreiköpfige Gruppe älterer Herrschaften, zwei verhuschte Damen mit männlichem Oberhaupt, das mit Makoto ins Gespräch kommt. Die Gesten sind unmissverständlich: ein Foto mit dem *doitsu-jin*, dem Deutschen. Eine Passantin wird zur Bedienung des Apparats genötigt und nach Prüfung des Ergebnisses kurz angebunden entlassen. Der Apparatbesitzer übernimmt selbst die Justierung und zeigt mir zufrieden das Gruppenfoto auf dem Display: vier lächelnde Gipsmasken. Mein Pilgerkittel sitzt so unförmig wie bei all den Damen, die ich seit Tagen auf dem Laufsteg zum *hon-dō* bemitleide: zerknautscht, vorn hochgerutscht, hinten abgesackt. Mein Landpomeranzen-Outfit verändert auch die Wirkung des Kopftuchs: weniger kühner Pirat als Küchenhilfe. Ich danke schön. Dann bitten sie mich, ihre Stäbe zu signieren. Die beiden Begleiterinnen stellen sich in (zugegeben: kurzer) Linie auf.

Da ist sie wieder, diese Demut, die bei perfekter Beherrschung kaum von Hochmut unterscheidbar ist. Unbeholfen heuchle ich Bescheidenheit und kontere die Verbeugung mit noch tieferer Verbeugung. Doch darauf sind die Damen vorbereitet und knicken noch tiefer ein. Einmal kann ich noch parieren, nach dem dritten Gang gebe ich mich geschlagen. So also ist der Deutsche, denkt der Japaner, denkt der Deutsche …

**Kilometer 127 / 28. März / Abend
pirugulimu.** Während Makoto und ich im Zickzack links und rechts der Tempelroute erfolglos Banken abklappern, trainieren wir das englische »pilgrim«. Ein hinterhältiger Spaß, unabhängig von der lautlichen Überlagerung des »L« und »R«, bei dem die Zunge das »R« rollt, aber schon nach dem ersten Trommelwirbelschlag vom Gaumen abrutscht.

Die Kontaktstelle der Konsonanten ist Makotos Zunge noch unbequemer. Aus »pilgrim« wird »pirugulimu«. Meist verknotet das Wort bereits nach der zweiten Silbe. Zu unserer bedeutungsvollen Überraschung liegt auf dem Weg ein Geschäft mit deutschem Ladenschild: »Bäckerei Brezel«. Die Bäckerin weiß von der deutschen Herkunft, allerdings nur vom Hörensagen, doch den Namen führt sie mit Stolz, und so spricht sie ihn auch: »Bulezeru«.

Weiter auf der Straße. Aussicht auf bewaldete Hügel. Natur liegt ausgebreitet vor uns, ist überall, außer dort, wo wir uns befinden: auf einer Straße mit weißen Seitenstreifen und rostigen Leitplanken.

Makoto kann immer weniger ein leichtes Nachziehen, eine Steifigkeit in seinen Hüften vertuschen. Er beteuert wacker, alles sei bestens. Der Jogger wählte Jogging-Schuhe. Denselben Fehler machte ich auf dem Camino. Ich hatte den Tipp aus Paulo Coelhos *Auf dem Jakobsweg*. Durch die Gummisohlen drang jeder Kiesel, Schritt für Schritt für Schritt für Schritt. Am Kap Finisterre schleuderte ich das verfluchte Paar vom Felsen (und in Gedanken das Buch hinterher). Makoto besteht darauf, Laufschuhe seien bequem. Im Vergleich mit dem traditionellen Schuhwerk hat er sogar Recht: Früher trugen Pilger Sandalen aus geflochtenem Reisstroh. Sie hängen als riesenhafte Flechtwerke in zahlreichen Tempeltoren.

Wir pausieren am Strand auf der Schräge einer Mole. Makoto erledigt Telefonate. Wellenschaum auf Gussbeton.

Kilometer 127 / 29. März / Morgen gohan. Das Grauen: eine Nacht, zusammen mit Rentnern in einem Gruppenraum. Japanisches Schnarchen klingt nicht besser als deutsches. Es ist die Geißel jeder Wallfahrt. Ohrstöpsel richten nichts aus gegen das Schlagen des Gaumensegels. Es ist ärger als alles, womit die hochstehende japanische Kultur das Ohr des Kulturfremden irritiert: schmatzen, schlürfen, rülpsen, rotzen, Nase hochziehen, Raucherschleim abhusten. Ich nehme das klaglos hin, aber Schnarchen ist schändlich. Die Brutalität des entmenschten Geröchels liegt in seiner Ausdauer. Sein Hohn besteht in der Unschuldsvermutung des Diebes zum Zeitpunkt des Diebstahls. Er ruht in Frieden, während er mir den Schlaf raubt. Zu wenige Herbergen verfügen über Reservate für schnarchende Pilger. Mit meinen Tonaufnahmen möchte ich meinen Nachbarn erpressen.

Erst morgens ein Traum aus der Kindheit, in der eine frühere Grundschullehrerin eine Rolle spielt. Ich fordere von ihr dringlich die Einlösung eines Versprechens (welches? An der Tür zum Erwachen war Durchgang verboten), prahle mit der Quadratmeterzahl unseres Wohnzimmers (es geht also um Größe – wovon?) und streite und streite. Kein schöner Traum. Aber es ist ekelerregend, den Vorhang des libidinösen Gefechts mit der virtuellen Überfrau beiseitezuschieben und in die faktischen Nasenlöcher meines Schlafnachbarn zu blicken.

Morgens stakst der Schnarcher, munter ausschreitend wie Monsieur Hulot, zum Frühstückstisch. Er ist ausgeruht, zuvorkommend und beredt. Während ich das rohe Ei schulmäßig in den heißen Reis schlage und esse, als sei das ganz normal, unterrichtet er mich, er könne unmöglich in Deutschland leben. Man esse dort ja leider nichts als Kartoffeln. Eine Geschäftsreise habe ihn eines Tages nach Frankfurt geführt, wo deutsche Geschäftspartner stets Kartoffelspeisen auftischen ließen, nichts als Kartoffeln. Sagt's und füllt sich gekochten Reis, *gohan*, nach. Eine Extraportion verstaut er in Schälchen und Plastikdose, als Notration für mittags und nachmittags, bevor es abends frischen gibt.

Die Nacht hat mich etwas mitgenommen.

Kilometer 157 / 29. März / später Abend

o-settai. Der Tag verläuft deutlich besser als die Nacht. 30 Kilometer Küstenabschnitt mit Sonne. Ein Stück lang begleitet Makoto und mich ein flauschiger Welpe, den Schwanz hochgebogen, schmelzend zutraulich wie der Knirps aus der Pension vor vier Tagen. Glück primitiver Verständigung: schnuppern, streicheln, lecken. Als wären alle Sprachen nur unnötige Umschreibungen davon. Wohlgemut überlegen wir, ob der Hund japanisch bellt.

»How about this situation?!« In Anbetracht von Makotos dezenter Art ist das fast ein Jubelschrei. Er hat einen stillgelegten Bus ausgekundschaftet, den Mönch Omoto in meinem Kartenheft markiert hat. Wir dürfen gratis übernachten. Ein Restaurant-Besitzer hat das Gefährt zum Nachtlager für Pilger umgerüstet und mit Neonröhren, Matratzen sowie Decken ausgestattet. Das ist mehr als eine nette Geste. Der Spender betreibt aktives Passivpilgern: Wer Pilger mit Getränk, zum Beispiel herbem Tee, mit einem Bohnenmuskloß, mit Obdach, Münzen oder sonst was beschenkt, erhält einen Anteil am Pilgersegen. Den Terminus für so ein Pilgergeschenk lernt man schnell, denn Schenken ist beliebt: *o-settai*.

Im Gegenzug gibt der Aktivpilger dem Passivpilger einen Papierstreifen *osame-fuda*. Zwei Blöcke à 100 Stück kosten 4 Euro. 2 x 88 Zettel landen in den Tempelkästen, mit dem Rest betreibt man Tauschgeschäfte. Etwas ungläubig lerne ich zu akzeptieren, dass die dünnen Fitzelchen mehr sind als Spielgeld und nette kleine Grußbotschaft. Schenkende erwarten sie als Gegenleistung, sammeln sie, bewahren sie als Segensvorrat. Eine solche Wertschätzung des Pilgers habe ich auf dem Jakobsweg nicht erlebt. *Osame-fuda* unserer Vorgänger zieren auch die Wände des Busses, in dem wir sitzen. Girlanden aufgeknüpfter Papierstreifen ziehen sich durch den Gang.

Im heutigen *o-settai* ist ein Abendessen inbegriffen. Es wartet schon. Wie das duftet! Ach, herrlich ist es doch, wie weihevoller Dunst Pilger und Pilgersympathisanten einnebelt: Man grüßt sich, wünscht sich Glück, spendet einander Segen und Speise – ist nicht plötzlich alles wieder lieblich und entzückend weltfremd?

Zwei mit Schälchen gefüllte Tabletts. Kein Kessel Buntes, sondern fein getrennt im Setzkastensystem, wenn auch nicht immer einfach zu bestimmen. Zum Beispiel jene aufgespießten Krusten – Zehen eines Leguans? Affenfinger? »Chikuwa, Kamaboko«, erklärt Makoto, hält eines der Essstäbchen waagerecht und lässt darunter seine Finger wie Flammen züngeln: »Fish, fish.« Beiläufig entgrätet er mit den Stäbchen. Darauf ein Bier, ich schenke seines ein, er meines: »Kampai!« Wie das alles heute klappt!

Das Gute am Pilgern: Die Pilger sind immer die Guten.

»You must!«, ermahnt Makoto höflich, als ich mich angenehm gesättigt zurücklehne. Da sei noch Bohnenpaste übrig. Und auch die Gallerte, die bösartig zittert. Ja, aufessen, alles. Das *o-settai* erweist sich als Teufelspakt. »You experience something new.« Mit Nachdruck schlüpfen die glasigen Weichteile des Desserts meinen Schlund hinauf. Ich attackiere vergeblich mit wütendem Schlucken. Ich muss mal raus. Im Schwarz der feuchten Nacht leuchtet der Bus, als käme er aus einem Film von Theo Angelopoulos.

Kilometer 157 / 30. März / Morgen
hatschi. Auf, auf, Makoto-san, wir müssen schnell sein, um auf die Anhöhe zu steigen! Wir brauchen gute Sicht auf den Berg des Tempels 23. Die Stunde ist noch blau,

der Berg fast unsichtbar. Gleich wird ihn ein Band um-
gürten, eine Lichterkette aus roten Lampions. Das Ritual sieht vor, dass zum Sonnenaufgang alle Mönche
eine Kette bilden. Jeder hat seinen festen Platz. Zunächst
sieht man den jüngsten Novizen aus dem Tor hasten,
denn er hat es am weitesten, hoch hinauf zum Lampion
am Gipfel. Der zweitjüngste folgt nach zwei Atemzügen,
darauf der dritte, vierte, fünfte, so setzt der Zug sich
fort, bis am Schluss der Abt als Hundertachter aus dem
Tempel tritt. Er kommt als Letzter und hat den kürzes-
ten Weg, bleibt am Tor stehen, unsichtbar für die weit
fort Geeilten droben am Berg. Kein Wort, kein Flüstern.
Umso seltsamer ist die Gleichzeitigkeit, mit der sich die
Dochte entzünden und der illuminierte Berg zu brummen beginnt. Kein Lied ist zu erkennen, kein An- und
kein Abschwellen, nur dieses polyphone Brummen aus
108 Kehlen. Es hält so lange an, dass man beim Hören
müde wird und aufschreckt, als es – wer gab das Zeichen? – plötzlich abbricht und die Lichter verlöschen.
Eine kurze atemlose Stille herrscht, bevor alles wieder
in Bewegung kommt: Während der Abt das Tor durchschreitet, schließt der zweite Mönch auf. Der dritte eilt
dem zweiten nach, der vierte dem dritten, jeder muss
ein wenig schneller sein als sein Vordermann, um den
Abstand zu verkürzen, und es ist kein Leichtes für den
jüngsten Novizen, in seiner aussichtslosen Eile nicht
über seine Gewänder zu stürzen, die um seinen Körper
rasseln …

Es sind die Jalousien. Makoto öffnet sie: »You okay,
Koru-san?« Eben hat er die Leuchtstoffröhre ange-
knipst, die leise vor sich hinsummt. Der Tempel 23
mag viele Legenden bergen, die Legende einer Lichtze-
remonie gehört jedenfalls nicht dazu. Ich hätte gern län-

ger vor mich hingeträumt in meiner warmen Schutz-
mulde.

Nachts lag ich zunächst ganz bequem auf den Matratzen. Dann schlüpfte die Kälte unter die Decken.
Nicht nur sie. Bald fühlte es sich an, als machten sich
Familien ausgehungerter Milben daran, meinen Talg zu
schlürfen, an meinen Hautschuppen zu knuspern und
beides nach zügiger Verdauung wieder auf mir auszu-
scheiden. Als ich es nicht mehr aushielt, huschte ich in
meinen Schlafsack. Makoto hatte keinen. Er packt sehr
still. Pilger kommen und gehen, Milben bleiben.

Übermüdet geht es weiter. Unmysteriöses Latschen.
Aus stumpfen Pfützen dampfen die Geheimnisse der
Nacht. Gestern erschien uns der Bus wie eine anhei-
melnde Herberge. Jetzt bleibt er zurück wie ein gestran-
deter, erfrorener Wal. Masten und Leitungen weisen den
Weg ins Nasskühle. Statt federnder Wanderlust steckt
in den Schuhen das Blei der Pflicht.

Tempel 23: Dort hängen wirklich Lampions, den ganzen
gewundenen Weg hinauf. Ich muss sie bemerkt haben,
als wir gestern ankamen. Zu spät allerdings, um ihn zu
besuchen und die Kalligrafie abzuholen. Das Tor war
schon geschlossen. Das ist es immer noch. Wir über-
brücken die Wartezeit bis zur Geschäftsöffnung mit einem Frühstück: würzige Reisbällchen in Seetangpapier,
dazu ein Plättchen Ingwer und zwei Dosen heißen Cappuccino aus dem Automaten.

Auf dem Weg zum nächsten Tempel dürfte das Erwachen erledigt sein. Mit der Grenze zwischen den Präfekturen Tokushima und Kōchi tritt man über die Schwelle
zum spirituellen Übungsraum (*dōjō*) der Disziplin. Alles bisher war also Kniebeuge und Lockerungsübung:
die ins Dreistellige gehenden Kilometer, die Schleifen

durch Verlauferei und Abstellen der Kamera, um mich beim Laufen zu dokumentieren; auch die Stürze und meine leidige Geldmisere.

Laut Kassensturz bin ich in drei Tagen blank. Ohne Makoto, der ans Aufhören denkt, werden die Kreuzchen von Mönch Omoto mir wenig nützen. Allein verirre ich mich zu schnell. Für die Kamera bin ich außerdem auf Strom angewiesen. Wer traditionelle Reisepensionen bevorzugt, gastiert im *ryokan*. Wer Abstriche macht, im *minshuku*. Und wer am wenigsten zahlen (und statt auf Futons in Betten schlafen) will, im *Business-Hotel*. Überall findet man heißes Bad und Waschmaschine, Trockner, Seife, oft auch Einweg-Zahnbürste, Nagelfeile, Rasierzeug. Aber unter 30 Euro zahlt man selten, erst recht nicht in Tempeln, die, wenn sie überhaupt Unterkünfte anbieten, die gesalzenen *ryokan*-Preise nehmen, also rund 50 Euro.

Wenn ich meine Ausgaben auf fünfzig Tage hochrechne, kostet die Wallfahrt so viel wie eine Luxuskreuzfahrt der gehobenen Kategorie:

Flug	€ 1 600,–
Pilgerutensilien, Gebühren, Opfermünzen	€ 300,–
Kost, Logis, Telefonmiete	€ 3 600,–
	€ 5 500,–

Dagegen ist der Jakobsweg mit seinen 5-Euro-Herbergen und Trinkbrunnen geschenkt.

Zwischenbilanz: Der *hachijūhakkasho* ist teuer, der Weg kein Wanderparadies. *Hachijūhachi*, das klang eine Zeit lang mit humoristischer Anstrengung wie ein doppeltes Niesen. Von solchem Jux ist heute nicht viel übrig. Makoto und ich sind beide etwas angeschlagen, legen Pausen ein, lesen. Ich stolpere über ein Zitat:

Gähnen und Niesen lassen dich meist närrisch aussehen.
Es gibt noch viele andere Dinge, auf die du achten musst,
um dich richtig zu benehmen.

Es steht im *Hagakure*, das belletristische Luxusgewicht in meinem Rucksack, denn ganz ohne Lektüre geht es ja nicht. Auf dem Jakobsweg war es eine Senfkornbibel in Dünndruck, auf dem *hachijūhakkasho* ist es eine kompakte Auswahl aus dem Ehrenkodex für Samurai. Der Verfasser Tsunetomo Yamamoto wurde um 1700 – mit seinen 42 Jahren kaum älter als ich – vom Samurai zum Zen-Mönch, nachdem ihm untersagt worden war, seinem fürstlichen Dienstherrn in den Tod nachzufolgen. Makoto bevorzugt als ethischen Ratgeber Konfuzius.

Kilometer 172 / 30. März / Mittag

sayōnara. Nach 15 Kilometern kehrt Makoto heim. Die nächste Etappe, das nächste *dōjō*, will er in den Herbstferien angehen. Der Schuldienst beginnt bald, seine Füße brauchen Ruhe. Er nimmt den Zug zurück nach Osaka. An einer Gabelung reichen wir uns die Hand zum *sayōnara*.

Um keine falsche Rührseligkeit aufkommen zu lassen, postiere ich Makoto vor Plakaten händeschüttelnder Politiker mit Politikerlächeln. Und wirklich hebt er zu einer wohlgesetzten kleinen Rede an. Sie endet mit dem sportlichen Pilger-Zuruf, der dem »Ultreya« des Jakobsweges entspricht: »Ganbatte kudasai« – »Gib dein Bestes, halte durch!« Er werde mich vermissen, sagt Makoto. Innere Gänsehaut, kein schlechtes Gefühl: Dieser erste Abschied ist eine Art Ankunft.

Disziplin

**Kilometer 174 / 30. März / Mittag / Tag 8
ganbatte kudasai.** Schon auf den nächsten Schritten
fühlen sich die Knie an, als hätte jemand kalten Tofu hi-
neingespritzt. Künftig werde ich wieder täglich bei *Pilgrimage Partners* anrufen müssen, um Übernachtungen
zu reservieren.

Außerdem stimmte etwas mit dem Abschied nicht, ir-
gendeine Kleinigkeit.

Rast mit *o-settai*: Unter aufgespannten Zeltbahnen
beköstigen Damen Pilger mit Tee, süßlicher Bohnencre-
me und einem Lächeln, das stabiler sitzt als jeder Wan-
derschuh. Wiegende Fürsorge. Auf der Bank prüfe ich
die Filmaufnahme. Da ist es: Als Makoto sich zum Gehen wandte, stieß seine Ferse kurz gegen den Bordstein.

Er fing sich sofort, es ist kein Slapstick, nur ein kleiner Patzer, ein Faserriss im Formgewebe, ein Minimal-
bruch der Förmlichkeit – und doch ist die leise Melodie
des Abschieds aus dem Takt gebracht. Was hatte ihn irritiert? Wer, wenn nicht ich, der mit jener Hand, die Makoto zu reichen wäre, die Kamera hielt. Indem ich das

persönliche Adieu filmte, hakte ich die Öffentlichkeit unter. Musste dieser von Ethik durchdrungene Mann die Veröffentlichung des privatimen Moments nicht als Beleidigung unserer Reisefreundschaft verstehen, sein gegebenes Einverständnis hin oder her? Vielleicht war es dieser Verrat, der Makoto für einen kurzen Moment aus der Balance brachte – für den letzten, den verewigten, Moment.

Sie sind schon dauernd da gewesen, aber jetzt fallen sie mir auf, die vielen Grabsteine überall.

Kilometer 187 / 30. März / Abend

hoteru. Notizen von heute Mittag gelesen. Sie wirken etwas aufgebauscht, verleitet von Gefühlsüberschwang. In der autoparanoiden Selbstkritik verrät sich der Narziss. Die Welt wird Spiegelkabinett. Sehe eine Krabbe im Krebsgang: das Bild des Pilgers. Sehe einen Käfer, sehe eine Raupe, die sich (beinahe obszön) dehnt und streckt, hin und her schwingt, tastet, Halt sucht, loslässt, sich festkrallt: Bilder des Pilgers. Statt von mir abzusehen, sehe ich in allem mich selbst. Noch nicht mal mein Denken verläuft geradlinig, sondern ist ein dauerndes Kreisen und Kreiseln, als ginge ich um mich selbst herum.

Erst recht, wenn ich allein bin, so wie jetzt, im leeren Gebäudekasten, über dessen Eingang in lateinischer Schrift »Nasa-Hotel« steht – ein *hoteru* mit passendem Namen: Läge es im Weltraum, hätte es nicht weniger Besucher. Nur für mich säuselt die Psychiatrie-Musik, während ich im hoteleigenen Geisha-Fummel über gedämpfte Teppiche zum Bad tripple.

Eine Toilette mit Armlehne voller Knöpfe unterstützt den Eindruck, ein Raumschiff zu steuern. Das macht

Spaß. Zunächst. Bis die Düsentriebwerke ihre Schubkraft demonstrieren. Ich nehme eine Hochdruckdarmspülung in Kauf, um zu verhindern, dass das Bad unter Wasser gesetzt wird. Dünn verhaucht mein »kimochi ii«.

Im Spiegel erschrickt ein Gesicht mit hochglanzroter Nase, noch rübenhafter als sonst. Ich stehe am Fenster mit Küstenblick. Meer mit Boot in Mondlichtschneise. Von der Tür aus betrachtet, ist das Fenster eine romantische Fototapete. Anruf bei der Ferngeliebten. Sie nimmt nicht ab. Genuss des Gefühls ungestillter und damit eingelagerter Sehnsucht.

Kilometer 218 / 31. März / Abend
ichi, ni. Meine Ungeduld schlägt eine Kerbe in diesen Tag. Ich vergeige schon wieder etwas. Um die Mittagszeit, nach 14 Kilometern voller Buchten und Strände, erstreckt sich neben dem Weg ein verlockend verwildertes Grundstück mit Pfahlbauten und Kirschbäumen. Irgendwo hier steht laut Kreuz des Mönchs Omoto ein kleiner nummernloser Tempel mit freier Bettstatt.

Ich tummle mich im Garten. Sonne scheint durch junge Blätter. Über dem Saum der Hecke sehe ich wippende Strohhüte wandern. Der Weg ist also der richtige. Aber keine Spur von einem Mönch. Entmutigt rufe ich Herrn Morikawa an, mich bei einer Pension im 20 Kilometer voraus liegenden Ort anzumelden, setze meinen Weg fort – und stoße auf den gesuchten Tempel. In einer Sitzecke der rot und blau beflaggten Terrasse brüht ein Mönch Tee auf und grüßt zum Willkommen. In diesem Augenblick klingelt mein Telefon, Herr Morikawa bestätigt die Reservierung. Als ich auflege, sind Mönch und Lächeln verschwunden. Guter Dinge warte ich am

Tisch. Nicht so guter Dinge noch ein Weilchen länger. Verschnupft ziehe ich weiter.

Klacken und Gelächterschübe aus der Tiefe. Beim Überqueren einer Brücke fällt mein Blick durch Maschendraht auf einen Sandplatz, umgeben von Fischhallen. Alte Frauen spielen Crocket. Ein Schnittmusterbild: vor mir das Flechtwerk des Drahtgitters, etwas tiefer die Stromleitungen, auf dem Boden die Linien der Holzkugeln. Wie durch eine Federspule verbunden, zieht ein ausrollender Ball die Spielerin hinter sich her. Kichernd lässt sie sich aufwickeln.

Die Schläger sind zu groß für die geschrumpften Leiber in Kittelschürzen. Augsburger Puppenkiste auf Japanisch. Sofort glaube ich an ungetrübtes Altersglück (vielleicht nur eine kurze Betriebspause des Fischverarbeitungsbetriebs) und kann es kaum abwarten, endlich so alt zu sein.

Sport im Einkaufscenter: Während Frauen Wagen durch die Gänge schieben, verfolgen ihre Männer hinter dem Kassenbereich auf Monitorwänden Baseballmeisterschaften. Sogar die Wartenden wirken munterer als ich. Je mehr ich abschlaffe, desto mehr fühle ich mich von Sport umzingelt.

In einer von waldigen Bergen eingeschlossenen, turmalingrün schimmernden Fischerbucht liegen grün gestrichene Boote in akkurater Formation am Kai vertäut. Ein Kranich landet immer wieder punktgenau auf der gleichen Stelle desselben Kajütendaches.

Beichte an einem Tempelchen für die Kamera. Sie verzeichnet ein ausgezehrtes Gesicht und eine fistelnde

Stimme: »Das ist alles schiefgelaufen, weil es natürlich super gewesen wäre, im Tempel zu übernachten. Erstens wäre es umsonst und zweitens wäre es mal was anderes als dieses Pauschalreisen-Ding und hätte mehr vom Pilgerdasein, glaube ich.«

Der Komparse erbittet eine Dialogzeile. Was, bitte, sei *henro boke*, frage ich den nächstbesten Pilger, einen gemütlich aussehenden Herrn. In sein Lächeln mischt sich Stutzen. Kopfschütteln. Der nächste zerkaut den Begriff und schluckt. Aus dem Dritten steigt eine Denkblase mit einem Fragezeichen, und auf sein Gesicht legt sich ein unbestimmter Schalk, der zu verstehen gibt, ich wolle ihn zum Besten haben.

An einem windigen Strandabschnitt passiere ich ein Schild mit lateinischen Buchstaben: *tsunami*, daneben eine Welle. Lange Wege ohne Menschen. Blick auf das Meer in zagem Mutwillen. Vorstellung des sich aufrichtenden Horizonts: ein gigantischer radschlagender Pfau aus Wasser.

Nach vier Stunden sind die 20 Kilometer geschafft, harte Stunden mit Regenandrohung. Eine unentwegt bellende Wirtin verstaut mich in einer Kammer neben dem Eingang. Parkplatzblick. Schlagartiger Druckabfall, als die Schiebetür sich schließt. Beschlagnahme des Zimmers durch rückhaltloses Furzen. Bilderfeindliches Wetter, dreckiger Himmel, Wahrnehmungstotalausfall.
Warum bin ich nicht im Tempel geblieben? Irgendwann hätte sich der Mönch schon erweichen lassen. Unter meinem harten Tritt sind die Füße verhärtet. Die Prellung in der Rippe links schmerzt seit dem Sturz stärker als befürchtet. Der Bauchgurt sitzt extrastramm,

um die Schlüsselbeine zu entlasten. Dieses dämliche Reservieren und Festlegen im Voraus! Wozu? Es ist ja kaum jemand unterwegs, hier, auf den 75 Kilometern zwischen Tempel 23 und 24.

Im Fernsehwerbespot quiekt ein Mädchen im Kostüm einer aufgeschlagenen Eierschale. Das geschlüpfte Küken erteilt einer Familie Unterricht in Ententanz: »Ganbatte: ichi, ni, san!« – »Auf geht's: eins, zwei, drei!«
Klappern von Tellern, müdes Dielenknarren, wärmende Geräuschkissen. Draußen biegen sich Palmen, das Wetter schlägt um. Sturm. An die Scheiben geworfener Regen. Windgeheul. Soll er nur heulen und sich austoben zur Nacht. Einsetzendes Behagen.

Kilometer 221 / 2. April / Morgendämmerung
chōka. Trommeln. Nicht geträumtes, trotzdem unwirkliches Trommeln. Wie der Gesang eines indianischen Schamanen dröhnt die Stimme des Mönchs. Es ist mitten in der Nacht.

Gestern Morgen gelangte ich drei Kilometer nach der misslichen Pension auf ein Plateau mit Aussicht auf Felsenriffe. Ein Pilger packte dort seinen aufgetürmten Rucksack. Er hatte im Zelt übernachtet (das geht also auch) und war so was von frisch! Schenkte mir einen Plastikbecher und Bananen! Sofort rief ich Herrn Morikawa an, im gestrigen Tempel nachzufragen, ob das Gerücht der kostenlosen Übernachtung stimme und das Angebot stehe. Wurde bestätigt. Einen Kaffee aus dem neuen Becher und zwei Bananen später stand ich mit gezücktem Daumen in Gegenrichtung an der Straße. Ein trampender Pilger wirkt vielleicht nicht sehr glaubwürdig, und ich schwankte, ob ich wirklich die letzten vier

Anstrengungsstunden des Vortages annullieren wollte, als bereits der erste Wagen hielt. Mit, jawohl, quietschenden Reifen. Am Steuer saß ein Angler auf Sonntagstour. Wie einfach manchmal alles läuft, und wie kurz 20 Kilometer sein können! Pilger rasten entgegen und verschwanden flugs und uneinholbar im Rückspiegel. Der spendable Angler bestand auf Spedition zum Tempeltor. Zeichen über Zeichen! Ein Druck auf die Löschtaste: zurück von Kilometer 239 auf Stand 219.

Um neun Uhr morgens an der Unterkunft einzutreffen, war etwas überpünktlich. Die Hütte sei um 16 Uhr zu beziehen, hatte der Mönch durch Herrn Morikawa ausrichten lassen. Sieben Stunden gammeln. Ich schlenderte durch die bereits bekannten Gärten, erkundete die Tempelruinen. Durch die Fugen warf die Sonne Streifenmuster auf eingerissene Bohlen. Dornröschenstimmung. Welche alten Meister mochten auf diesem Holz meditiert haben, in diesen Kulissen kultischer Zeiten? Welche Szenarien haben sich hier abgespielt? Meine Schuhe schleiften in ungemähtem Gras, Sonne spielte in Büschen, wärmte verwittertes Gestein. Als sähe ich einen Film in Zeitlupe, fuhr hinter der Hecke ein Auto im Schneckentempo vorüber, auf dem Dach ein Lautsprecher mit drolligem Gesang.

In Zeitlupe auch näherte sich ein altes Ehepaar, während ich, nur zwei Straßen vom Tempel entfernt, am einsamen Strand auf einem Stamm saß, die Füße in grobkörnig schwarzem Sand. Das Paar bewegte sich auf mich zu, ohne dass ich einschätzen konnte, ob ich es war, den es ansteuerte, oder ob ich nur zufällig auf ihrem Spazierweg lag. Es nahm auf einem zweiten Stamm Platz, blinzelte diskret in die Sonne und trat den Rückweg an – wohl enttäuscht von meiner abweisenden Schweigsamkeit. Ich rieb mir die Rippe.

16 Uhr: Der Mönch, der am Vortag Tee aufbrühte, öffnete die Tür zu einem kleinen Anbau. An den Wänden hingen *osame-fuda*-Zettel. Trotz des obligatorischen Bildes von Kōbō Daishi wollte sich in diesem Notlager die religiöse Aura der Umgebung nicht recht wiederfinden. Heftchen stapelten sich auf Tisch und Pappkartons. Der Mönch ging ohne weiteres. Ohne Lächeln, ohne Zeichen, wo Bad, Wasser, Toilette zu finden wären. Draußen standen hübsche Büsche.

Die Dämmerung setzte ein, da hörte ich Trommeln und Klackern mit Stäben. Stabil und gerade saß der Mönch im Tempel mit dem Rücken zu Tür und Kieselgarten, mit Blick – waren die Augen offen? – auf überfüllte Altäre mit Statuen, Bildern, Pflanzen und Plastikstuhl, und er schlug und schlug und sang dazu aus gequetschter Kehle. Kein Wort unterschied das andere. Noch einmal würde ich mir die Gelegenheit nicht entgehen lassen.

Jetzt also, kurz vor Tagesanbruch, krabbelte ich nach den ersten Schlägen hinaus in die Dunkelheit, die Kamera auf den von Kerzen beschienenen Tempel gerichtet. Wieder sitzt da der breitschultrige Kahlköpfige in seiner weißen Robe. Ich hocke hinter einem Zaun wie ein Spion. Oder eher wie auf einem Foto der Rubrik ›Schlechte Verstecke‹ eines Satiremagazins. Sofern der Mönch sich nicht umdreht, ist niemand hier, der mich sehen könnte. Und der Mönch hat genug zu tun mit seinem einsamen Konzert. Wieder verströmt er das unentwirrbare Wimmern und Brummen. Eine Stunde lang drischt er mit kapitalem Knüppel das Fell der Rahmentrommel, schlägt Holzstäbe aufeinander, begleitet von entferntem Hundebellen. Glockenklänge setzen kurze Pausen, bevor er in die nächste Runde geht, unablässig, schier endlos, bis der letzte Gong geschlagen ist. Das Licht gelöscht, die Gardinen zugezogen, fertig ist die *chōka*, die Morgenzeremonie.

Leiser Regen hat eingesetzt, ich schleiche zurück in die Hütte. Eine Mücke hält mich wach … Wo war der Mönch wirklich? Wen rief er an in seinen Rhythmen, welchen Kräften ließ er lauf? Welche Kraft steckt in der Bedeutung der Wörter und welche im Klang der Kehllaute? Verderben und verschwinden sie mit der Übersetzung? Wirken Gewimmer und Getrommel unmittelbarer als gedrechselte Gebete, die auf die Gewalt der Worte pochen? … Verfluchte Mücke! Ruckhafter Schlaf. Aus dem Dunkel schälen sich Konturen. Fragendes Gezwitscher.

Kilometer 245 / 2. April / Nachmittag
yen. In religiöser Disziplin verteidige ich morgens mein Recht, zu dem Punkt zu trampen, den ich gestern bereits erreicht habe: das Plateau mit Felsblick. Das erste Auto hält nicht. Auch das nächste nicht. Wo ist der Angler? Je länger ich hier stehe, desto mehr beschleicht mich das ungute Gefühl, mir den Ruf eines Schwindlers einzuhandeln. Meine Mutter fliegt durch meinen Kopf und tippt mir auf die Schulter: »Was sollen die Leute dazu sagen?« Ich brauche 4½ Stunden, wiederholte Zeit. Die Gegend wirkt aber anders als vorgestern: klarer und heller. Die bellende Wirtin spritzt vor der Tür Haussandalen ab. Mein kaltblütig flüchtiger Gruß lässt sie für einen Moment verstummen. Sie hat ein Déjà-vu.

Die Umkehr hat sich gelohnt. Aber ich habe mir sowieso ganz fest vorgenommen, diese Nacht als »unvergessliches Erlebnis« abzuspeichern. Ich freute mich so sehr auf die Nachfreude, dass ich für die unmittelbare Freude kaum Sinn besaß. Immer wieder springt das Gefühl für die Gegenwart ins Futur II, als wäre das Echo wichtiger als der Ruf. Er wird auf perverse Weise erst durch das projizierte Echo hervorgerufen.

Die Auslagerung meiner Wahrnehmung auf die Kamera treibt einen Riss durch mich. Indem ich die Kamera irgendwo aufstelle, ein Stück zurück- und an ihr vorbeigehe, dann umkehre und sie wieder abhole, bin ich an vielen Orten doppelt und an keinem ganz. Wo bin ich eigentlich, wenn ich nirgends wirklich teilnehme?

Enjoy the now! Im zwischendurch stabilisierten Hier und Jetzt betrete ich eine Postniederlassung. Dass ich kein Geld bekomme, habe ich begriffen. Es ist Trotz, der mich immer wieder in die Filialen treibt. Ich will wenigstens nicht tatenlos und stumm meiner Liquidierung beiwohnen. (Mein Protest fiel freilich bescheiden aus. Mehr als eine geschürzte Lippe bot ich nicht auf.) Inzwischen gefällt mir sogar das Dramolett, an dessen Ende ich jedes Mal geopfert werde. Es beginnt mit der Suche nach einem Mitarbeiter mit Englischkenntnissen und geht über in das launige Intrigenspiel, trotz Hoffnungslosigkeit Hilfsbereitschaft zu signalisieren. Abgeorderte Beamte müssen abwechselnd meine Karte vorschriftsmäßig in den Schlitz schieben, Knöpfe drücken, die Handgelenke wie zum Gebet kreuzen, in dezenter Trauer die Abweisung der geldgefüllten Maschine empfangen, einander etwas zuflüstern, bis (tragischer Höhepunkt) einer von ihnen kondoliert: »Visa no, sorry.« Verbeugung. Niederschlagen der Augen. Vorhang.

Eine dreiviertel Stunde später stehen mal wieder einige Mitarbeiter mit mir im Kreis, drücken die Knöpfe des

Bankautomaten – und 150 000 Yen rascheln heraus, umgerechnet gut tausend Euro. Ein Moment der Stille. Wir verschränken die Arme und tanzen Sirtaki, zumindest die japanische Version davon: zaghaftes Kopfnicken, gegenseitiges Bitten um Verzeihung für die Umstände. Die Akzeptierung ausländischer Kreditkarten sei eine Sache der Präfekturen, wird mir bedeutet. Tokushima handhabe das anders als Kōchi. Offenbar habe ich erst jetzt die Grenze vom Erwachen zur Disziplin passiert.

Kilometer 255 / 2. April / Abend

gumonji-hō. In neu gewonnener Sicherheit schlendre ich weiter der Küstenstraße entlang. Reger Verkehr fächelt mir Abgase zu, von unten dampft die Kanalisation. Auf frischer Anhöhe steht neben einem liegenden goldenen Buddha ein monumentaler Kōbō Daishi, der mit Pilgerhut und Stab beständig über das Meer blickt. »Selbst im Himmel werde ich stets auf die Erde niederblicken, irgendwo zwischen den Wolken werde ich zusehen, was ihr treibt.« So versprach er es seinen Schülern, als er am 21. März 835 auf dem Totenbett lag und das Zeitliche segnete – viele glauben, er meditiere noch heute.

Durchhaltevermögen scheint eine seiner Spezialdisziplinen gewesen zu sein. Sein erstes Gesellenstück legte er hier ab, wo ich gerade umhergehe, inmitten der krustigen Felsen, ganz in der Nähe von Tempel 24. Die Grotte ist heute noch zu besichtigen: ein tiefer Schacht mit Blick auf verstreute, aus dem Pazifik ragende Brocken mit weißen Ringen aus Gischt. Keine gemütliche Gegend.

Die Prüfung, der Kōbō Daishi sich unterzog, erinnert an Jesus und seinen 40-tägigen Aufenthalt in der Wüste, wo er hungerte und den Versuchungen des Teufels widerstand. Man könnte Wüste durch Grotte, Hungern durch Meditieren und Teufel durch Halluzination ersetzen und bekäme eine Vorstellung von Kōbō Daishis Tortur. Allerdings folgte der Mönch einer indischen Methode, die in Japan verfeinert worden war. Der Name: Morgensternmeditation, *gumonji-hō*. Der deutlichste Unterschied zum Wüstengang des Nazareners besteht im handfesten Zweck, der – neben Wahrheitsfindung, Einswerdung und Leerheitserfahrung – auch heute Shingon-Priester animiert: Die Morgensternmeditation befähigt, künftig alles Gesehene und Gehörte im Gedächtnis zu behalten.

Das Gute: Es gibt eine genaue Anleitung. Ich habe sie als Kopie dabei, sogar in deutscher Übersetzung. Das nicht so Gute: Ihr zu folgen, ist schier unmöglich.

Diese Extremform der Meditation ist der Shingon-Schule so teuer, dass sie die genaue Prozedur über Jahrhunderte hinweg geheim hielt. Lehrer vertrauten sie nur ausgewählten Schülern an, stets mündlich. Erst nach langem Zögern legte man das Verfahren schriftlich nieder und behielt sich auch dann noch einige Ausklammerungen vor.

Bis dahin musste sich die interessierte Öffentlichkeit mit der Kurzversion begnügen, der Daishi habe in einer felsigen Höhle am Kap Muroto Erleuchtung erfahren, indem ihm nach meditierter Nacht der Morgenstern in den Mund geflogen sei. Bilder zeigen ihn als Jüngling auf einem Felsen mit Blick aufs nächtliche Meer, in dessen lockig gekräuselten Wellen Schlangen und Seeungeheuer Mäuler aufreißen, aus denen Zungen hervorschießen. (Auf diesen Bildern entsendet die Venus den Strahl ähnlich zielgenau wie der Stern, der den Astrologen ›aus dem Morgenland‹ den Weg nach Betlehem gewiesen haben soll – und es ist vielleicht bemerkenswert, dass das Licht im christlichen Bericht einen weit entfernten Ort der Offenbarung anpeilt, während er dem Buddhisten direkt ins Auge fällt: Der Erlöser ist der Suchende selbst, er muss nicht in die Ferne schweifen.)

Die Langversion hat in neuerer Zeit der Shingon-Mönch Taikō Yamasaki ausprobiert und darüber in seinem Buch *Shingon – Der Esoterische Buddhismus in Japan* berichtet: Vom 10. Oktober bis zum 13. November 1955 meditierte er jeden Tag zwanzig Stunden lang. Er rezitierte dabei im Lotussitz bei derselben Fingerhaltung (Mudra) ein Mantra:

Nōbō akyasha kyarabaya om ari kyamari bori sowaka / Im Namen von Kokūzō [Gottheit der Weisheit, der Tugend und des Glücks], der eine Blumengirlande, eine Lotusblüte und eine mit Juwelen besetzte Krone trägt, Ehre sei Dir, Om.

Yamasaki wiederholte es täglich über 30 000 Mal. Entscheidend war die Summe am Ende der 35 Tage: eine Million und achtzigtausend. Um sich nicht zu verzählen, behalf er sich mit einem Rosenkranz mit 54 Perlen und einem Zählbrett mit Löchern und Stiften. Der gesamte Ablauf war streng vorgeschrieben: das Waschen und Schlafen, auch die Ernährung mit geringer Salzzufuhr. Nach dem Mittagessen gab es nichts als Wasser. Der Mönch litt unter Schmerzen und intensiven Halluzinationen, in denen ein mysteriöser Priester das tückische Angebot unterbreitete, ihn zu lehren, sich unsichtbar zu machen.

Mantras sind das Kernstück der Shingon-Schule. Das Wort *Shingon* ist die japanische Übertragung des Sanskritwortes *mantra*. Den heiligen Silbenfolgen wird höchste Kraft zugebilligt. Allein deshalb (und zum Gedächtnistraining) setze ich mich auf einen Stein und lese das Mantra eine Minute lang so oft und schnell ich kann: zwölf Mal. Taikō Yamasaki muss doppelt so schnell gewesen sein, jede einzelne der 42000 Minuten seiner Morgensternmeditation. Kōbō Daishi wird nachgesagt, das *gumonji-hō* acht Mal praktiziert zu haben.

Die Schwierigkeit und die dringende Warnung, ein solches Ritual bei unzureichender physischer und mentaler Vorbereitung zu versuchen, flößt mir ähnlich viel Zutrauen ein wie eine ganz besonders bittere Medizin. Auf die süßen Glücksangebote entzückter Ikea-Buddhisten reagierte ich meistens pikiert bis kaltschnäuzig. Hier wird hingegen Ernst gemacht.

Kilometer 290 / 3. April / Abend

o-mizu. Ausruhen, abschalten – das klingt einfacher, als es ist. Meditieren und pilgern ist Knochenarbeit. Mein Mantra sind die Schritte im ritualisierten Tagesablauf: fünf Uhr aufstehen, Frühstück, packen, kacken, Abschied nehmen, gehen, Tempel, Stempel, gehen, ankommen, auspacken, Wäsche waschen, baden (gegen fünf Uhr), Abendessen (Punkt sechs), Wäsche trocknen, Akkus laden, schlafen.

Die einzige Ikone, die ich öfter ansteure als Kōbō Daishi, ist Tommy Lee Jones, der Schutzgott der Durstigen. Er steht im Dienst von Boss und schaut traurig aus Getränkeautomaten (deus ex machina), meistens benachbart mit Coca Cola oder Pocari Sweat. Was die Ohrläppchen von *bosatsu* Jones schuldig bleiben, gleichen seine Tränensäcke wieder aus. Am Jones-dō zieht man Flaschen mit Wasser (*o-mizu*), Heiß- und Kaltgetränkedosen sowie Zigaretten (allerdings nicht, wie ein Freund in Deutschland vorausgesagt hatte, gebrauchte Unterwäsche minderjähriger Schülerinnen).

Automaten sind Tempel-Bonsais: Geldeinwurf im Tausch gegen Labsal zu gleichmäßigem Brummen im Hintergrund. Doch sie sind unzuverlässige Helfer. Über lange Strecken stehen sie alle fünfzig Meter herum und verspotten Pilger, die unter schwappenden Literflaschen schwitzen. In bergigen und verlassenen Gegenden aber, wo man sie am nötigsten braucht, machen sie sich rar.

Dreizehn einsame Kilometer ohne Wasser sind kein Pappenstiel.

Das schlechte Licht drückt. Traurige Tempel im Regen. Räucherwerk klebt in der Luft. An Dachbalken hängen verfilzte Strohzöpfe mit eingeflochtenen Münzen. Am Straßenrand liegt eine Schrotthalde mit Friedhofsgerümpel.

Als ich meine Pension finde, ist es eigentlich zu spät: 19 Uhr. 35 Kilometer. Etwas zu viel. Es melden sich Zipperlein.

Kilometer 306 / 4. April / Vormittag

ozu. An riesigen Gittern schillern Sprotten in Reih und Glied, im Tempel stehen Kolonnen der *bosatsu*-Putten. Selbst das Wasser ist liniert. Traktoren säen exakte Spaliere. Endlose Schraffuren aus Halmen.

Die Sägewerke in ländlichen Dörfern scheinen in den Händen visionärer Stadtplaner zu liegen. Auf den Höfen bilden lotrecht gestapelte Platten futuristische Quader, angeordnet zum Großmodell einer planquadratisch vermessenen Zukunftsmetropole.

Meine unablässige Suche nach Wegweisern hat den Blick verengt. Er leidet unter Muskelverspannung, krallt sich an Muster.

Vielleicht bereitet die japanische Arbeitsmoral einheimische Pilger besser auf dieses *dōjō* der Disziplin vor, den Trainingsraum der Unterwerfung und Ausschaltung der Bedürfnisse, wo unbedingter Wille zur Perfektion Fragen nach Sinn und Zweck zum Schweigen bringt. Ungute Erinnerungen an verschenkte zwei Jahre im Panzergrenadierbataillon.

Wie ruckartig die Wahrnehmung unter der Gewalt der Augenblicksstimmung einrastet und einschnappt! Wie schnell sich Klischees in die Netzhaut ätzen! Wie vehement schlummernde Bilder als Reservisten mobilisiert werden und in Stellung gehen: Bilder aus den Filmen von Yasujirō Ozu, Bilder von Linien und Fluchten, von Familien und Arbeitskollegen in lähmender Unbeweglichkeit im Setzkasten des sozialen Gefüges. Streben, Stromleitungen und Schlote, lauter Linien zerteilten diese Bilder. In meiner Kleinkariertheit sehe ich wieder nichts als Linien, zwanghaft spähe ich Zwanghaftigkeiten aus.

Halb zehn – es ist noch früh, als die ersten 16 Kilometer zurückliegen. Pause am Fluss. Ich breite den Blick vor mir aus wie eine Picknickdecke, als sich ein Kleinlaster unmittelbar vor mich schiebt. Besen und Eimer liegen auf der Ladefläche. Aus dem Font schält sich ein struppiger Dicker in Overall, der, statt die Straße zu kehren, sich zum Nickerchen ins Gras legt. Eine empfindliche Retourkutsche.

Wach geworden, wird der impertinente Gemütsmensch gestisch gesprächig. Er liebe diesen Ort, dies sei ein guter Fluss mit enormen Fischen: solche Burschen, so schwer, so lang! Er freut sich, halst mir eine backsteinschwere Grapefruit auf – »dōzō, o-settai!« – und gibt die Sicht wieder frei.

74

kamera. Wetterumschwung. Diffuses Licht schwimmt durch das Land. Mit dem Himmel zieht sich auch mein Blick erneut zusammen, registriert Schulkinder im Gänsemarsch, die hypnotisiert metallenem Flötenspiel aus Schullautsprechern folgen. Sie sind dressiert auf Uniformen, vom Kindergarten bis zur Aufbahrung. Irgendwann werden sie vielleicht auch kurz die Pilgermontur über- und wieder abstreifen. Reste von Persönlichkeit – als Egoismus missverstanden – werden sie abschütteln wie lästige Fussel.

Vorstellung von Kleiderschränken als Ersatz für Biografien oder Fotoalben: Witwen streichen zärtlich über die aufgetragenen Uniformen des geliebten Hingeschiedenen, erinnern sich an die Eigenheiten anhand des Stoffabriebs am Ellenbogen und der Schäden im Achselbereich. – Ich bin zu viel allein.

Im Morgenlicht dümpelnde Häuschen auf hölzernen Pontons im Binnensee, über dessen Fläche gehustete Brocken aus den Raucherlungen der Fischer ditschen. Malerisch gestrandete Boote im Abendlicht. Und natürlich die unvermeidlichen Tempel mit ihren schicken Angeber-Gärten. Bezugslose Poesiefloskeln. Kostbaren Speicherplatz verschwende ich für Löschmaterial aus Ansichtskarten. Nicht aufgenommen habe ich wiederum einen Jungen beim Baseball-Training, dem ich eine Viertelstunde lang dabei zusah, wie ihm aus der Wurfmaschine im Gleichtakt eines Metronoms ein Ball nach dem nächsten entgegenflog. Das sagte wenigstens etwas aus über die Pilgerei.

So tückisch wie mysteriös: Wenn ich zu lange mit der Kamera hantiere, umgibt sie mich wie ein falscher Tarnmantel. Ich fühle mich dann unbeobachtet, unsichtbar für diejenigen, die ich auf dem Monitor verfolge. Die Selbsttäuschung ist immer wieder blamabel.

Wie authentisch kann meine Pilger-Doku sein? Ich bin nicht Pilger *und* Kameramann. Ich bin beides nur halb. Kaum bin ich Pilger, schon überlege ich, wie ich das vermitteln kann. Filme ich, denke ich: Eigentlich bist du doch Pilger! Was dokumentiert meine Kamera anderes als den hilflosen Versuch zu dokumentieren? Ich hoffte, sie sei mein privater Kōbō Daishi, mein Gefährte und Schutzengel, mein Auge und mein Gedächtnis. Aber sie ist es nicht, sie tritt nur an deren Stelle. Wenn sie läuft, bringt sie andere ins Stolpern (Makoto!). Sie verändert die, die mit mir sprechen, und mich auch.

Mit einem Kameramann an meiner Seite ginge es aber erst recht nicht. Die Kamera wäre noch sichtbarer als jetzt. Deshalb schleppe ich mich ja hier ab: um offen zu bleiben, durchlässig für das Unbekannte. Bloß keine Pilger-Doku, die Gemeinplätze reproduziert, im dramaturgischen Dreischritt aus Erwartung, Durchführung und Erfolgsbilanz. Ich wollte kein Reportageteam, das als Stoßtrupp einmarschiert, Lage checkt, Beute macht. Ich wollte die Kamera und mich entwaffnen und entsichern.

Ich wollte allein sein. Niemand neben mir, auf den ich hören muss und der mich hindert, fremde Signale zu empfangen. Niemand, der durch seine Nähe Annäherungen von Anderen verhindert. Niemand, der auf meine Sachen aufpasst, wenn ich pinkeln gehe. Niemand, der für mich Schlange steht. Niemand, der motiviert. Niemand, der Langeweile vertreibt. Niemand, der mein Tempo bremst oder erhöht. Niemand, der genervt ist, wenn ich auf ungefähren Verdacht hin die Kamera aufstelle, warte, dass jemand kommt, etwas passiert, nichts passiert, umständlich einpacke, wieder auspacke, Zeit vergeude. Himmel, ja, allein sein wollte ich wie der Taucher in der Glocke zu Besuch bei Tiefseefischen – oder der Tiefseefisch auf Landpartie. Allein wie der Pilot in seiner Kanzel, um die Wolken zu fassen. Allein und angreifbar wie Peter Liechti in den Schweizer Bergen, in die er auszog, mit dem Rauchen aufzuhören (*Hans im Glück*). Wie Hirano Katsuyuki auf seinem Fahrrad in den Schneestürmen von Hokkaido (*Shiro – The White*). Was für ein atemberaubender Wahnsinn! Und ich latsche hier vergnaddelt und fotografiere Tempel!

Pension mit Meerblick. Das Wetter klart auf.

Im Bad hängt ein Spiegel: Sonnenbrand und Maurerbräune.

Ein Mann, der Dinge für falsch oder richtig halten kann, ist in unwichtige Details verstrickt und verschwendet sein Leben für nichts – ein bedauernswerter Anblick. (Hagakure – Der Weg des Samurai)

Kilometer 323 / 5. April / Morgen
kōbō daishi. Der Strand ist noch menschenleer morgens um sechs. Ich bade und tauche jauchzend auf. Im Jauchzen kopiere ich Filmjauchzer, doch sogar das Zitat erfrischt. Ich setze mich mit einem Bilderbuch auf einen umgluckerten Felsen.

Kōbō Daishi sei ein spiritueller Supermann, hatte Makoto mir gesagt und dieses Buch im Querformat gekauft, *The World of Illustrated Legends of Kōbō Daishi*, dessen Bilder oft über eine DIN-A-4-Doppelseite laufen und darüber hinaus ausgeklappt werden können: Panoramen, Rollbilder aus dem Legendenschatz des Heiligen. Ein Meister im Sitzen. Sitzt am Kap Muroto zur Morgensternmeditation. Sitzt stoisch in einem Haus, während um die Mauern grässliche Dämonen in blauen knotigen Körpern schleichen. Sitzt auf gekacheltem Podest, sorglos friedvoll, umtost von wetzenden Flüchtenden mit greinend entstellten Fratzen, eingezogenen Köpfen, die gekrümmten Körper notdürftig mit Strohmatten behängt, gepiesackt von saurierhaften Hornissen. (Eine Insektenplage verwüstete den Tempel *Todai-ji* – bis Kōbō Daishi Platz nahm.) Mit seinem Sitzen schien er auf seine Umwelt beträchtlichen Einfluss auszuüben.

Eine Weile bleibe ich auf dem Felsen sitzen, das Buch auf den Knien, im Ohr Meeresrauschen und Echos aus Makotos Unterricht. Was Kōbō Daishi in seinen Sitzungen ausbrütete, rief nach Tätigkeit. Illustrationen zeigen den Daishi als Wanderprediger, dem Schüler durch die Wälder folgen. Auch den Daishi als arrivierten Wunderheiler, der Lahme mobilisiert und Tote auferweckt. Für tot, zumindest zu lebensunlustig, befindet er auch den traditionellen Buddhismus und schickt sich an, ihn wiederzubeleben.

Es kommt Bewegung auf: Der wissensdurstige Reformer holt sich Ideen aus China. Auf lieblichen Dschunken mit Korbdächern sieht man ihn übersetzen. Nach kurzer Frist bestimmt das chinesische Oberhaupt des esoterischen Buddhismus den japanischen Gast zu seinem Nachfolger. Bei seiner Einsetzung ist der Mönch erst 32 Jahre alt. Dann der große Wurf: Von der chinesischen Küste schleudert Kōbō Daishi ein Gerät, das wie ein Knochen aussieht. Es handelt sich um eine metallene Stichwaffe mit zwei Enden aus je fünf gekrümm-

ten Spitzen, ein *vajra*, ein Ritualgegenstand des esoterischen Vajrayana-Buddhismus. Im nächsten Bild pflückt
der Heimkehrer das *vajra* von einem Baum des japanischen Berges Kōya. Dort errichtet er das geistige Zentrum seiner Schule: Shingon.

Dieser Buddhismus erweist sich als bunt, magisch
und – mal von der Morgensternmeditation abgesehen –
auch für Laien nutzbar. Kōbō Daishi versorgt Japan mit
gebrauchsfertigen Rezepten: Feuerrituale, Regenzauber.
Dem Mann ist an Lösungen gelegen, nicht an Vertrös-
tungen. Alle, lautet Kōbō Daishis Credo, sollen voll-
ständige Erleuchtung erlangen können – und zwar ex-
pressis verbis in »dieser gegenwärtigen Existenz«. Vor-
ausgesetzt wird eine intensive Praxis des Körpers, der
Rede und des Geistes, also ausgedehnte Anwendungen
der Meditationstechniken mit mystischen Körperhal-
tungen, Sprüchen und Visualisierungen. Auf seltsame
Art entspringen die Geduldsübungen einer zappeligen
Ungeduld: ein kurzes Leben gegen drei *kalpa*.

Heutzutage glauben zehn Millionen Japaner Kōbō
Daishi, auch wenn sie ebenso anderen Religionen Glauben schenken. Die Aussicht auf Erlangung der Buddhaschaft bringt mich ihm im Augenblick allerdings weniger näher als sein Ruf als optimistischer Zweifler, der
die Einsamkeit suchte und seine eigenen Wege ging. Er
liebte seine Insel, die er so gern durchstreifte. Er durch-
streift sie ja noch immer, an der Seite jeden Pilgers –
dōgyō ninin. Genug getrödelt, *ganbatte*!

Kilometer 351 / 5. April / Abend

senkyo. Es gibt auch gegenwärtig Nomaden, die, um
Anhänger werbend, die Insel bekehren. Ihre Stimme
schnarrt aus Megaphonen auf Wagendächern. Es ist
Wahlkampf, *senkyo*. In den Dörfern stehen Stellwände

mit nummerierten Schachbrettfeldern. Viele bleiben leer, viele sind beklebt mit Konterfei und Schriftzug der Kandidaten. Alle sind identisch fotografiert.

Im Winter sah ich einen lustigen Dokumentarfilm, *Senkyo* von Kazuhiro Soda. Der Regisseur begleitete darin einen Lokalpolitiker auf seiner grotesk einsamen Kampagne. Mitunter übernachtete der Kandidat in seinem Kleinwagen zwischen Steuer und Lehne, was den Schlafkomfort kaum minderte, denn viel mehr Platz bot die Wohnung auch nicht. Das aussagekräftigste Bild war auch das unwirklichste: der Mann, der per Megaphon seine Parolen in eine leere Straße brüllt. Ich dachte: Was für eine verrückte ferne Welt! Oder war alles eine geschickte Mockumentary?

Jetzt ist das Bild wieder da, direkt vor meinen Augen: eine kaum befahrene Straße; ein einsamer Mann in Anzug mit Schärpe und Megaphon; verzerrte Parolen an ein Publikum, bestehend aus Asphalt, Automaten, Reisfeldern und mir, der die Parolen nicht versteht. Nähern sich Autos, hebt sich am Kandidat ein steifer Arm, der in einen weißen Handschuh mündet. Nach zehn Minuten bedankt sich der Redner beim Nichts, entschuldigt sich für seine Störung und fährt davon zum nächsten Nichts.

Ein Rufer in der Wüste, ein Wanderprediger im Selbstgespräch. Die Realsatire zeigte offenbar die nackte Wirklichkeit – meine Wirklichkeit. Ich projiziere das Bild in mein Spiegelkabinett.

An Tempel 29, blühend vor Kirsche und androgynen Japanerinnen, die sich mit Victory-Fingern blitzen lassen, überreicht mir ein klappriges Männchen einen *osame-fuda*-Streifen, wieder ein Brokat-Exemplar: Es bezeugt Umrundung Nummer einhundertfünfundvierzig. Notiert ist auch die Anzahl der Tempel, die dieser Pilger in Japan, Indien, China und Nepal besucht hat: vierundzwanzigtausendneunhundertachtundzwanzig.

Hinter einem Zaun stolziert ein kapitaler weißer Hahn mit rotem Kamm und Schlackerlefzen, als habe er Geburtstag.

Kilometer 383 / 6. April / Abend

yakuza. Allein am Ufer eines breiten Flusses mit endloser Brücke. Hier pfeift der Wind. Hier stimmt etwas nicht. Ganz viel stimmt hier nicht. Und schon gar nicht das heisere Gelächter dort hinten im Gebüsch. Sie haben mich im Visier. Das sehe ich.

Der Tag war freigebig gewesen. In morgenstilles Blau getunkter Friede, der Buddha aus dem Nirwana locken würde. Lichtstreif auf Dachfirsten, als würde die Sonne Kalligraf spielen und die Kanten der Landschaft nachziehen. Ich lief so lange meinem gestreckten Schatten hinterher, bis er klein beigab, ich ihn überholte und ihm voranging.

Auf dem Weg durch die Stadt, die sich vor einer Bucht als weites Dächermeer ausbreitete, stutzte ich: Aus der Mitte ragte kerzengerade ein Stück Straße und wies senkrecht in den Himmel. Ich kniff die Augen zusammen, ob am Ende ein Wegweiser mit Pilgermännchen auszumachen war.

Im Tempel 33 winkte mich ein ledernackiger Pilger zu sich. Er legte meine Hand ins gedachte Luftpolster zwischen seinen ausgestreckten Handflächen, murmelte leise, betastete meinen linken Ellenbogen, und sein Gesicht hellte sich auf: Hand und Arm seien nunmehr frei von Schmerz. Ich dankte, hatte aber auch vorher keinen gehabt.

Gutes tat mir auch ein Mönch mit zotteligen Haaren, der mein Stempelbuch beschrieb und auf mich einredete. Ich verstand nichts, zog verdattert ab, besann mich und machte kehrt, um wenigstens »Danke« zu sagen. Nun hieß er mich auf den Rand der kleinen Büroveranda setzen, stellte sich hinter mich, legte eine Kette mit Holzperlen auf meinen Kopf, betete und blies auf (womöglich in?) die Fontanelle, während ich weisungsgemäß mehrmals »Namu Daishi Henjō Kongō« sagte. Zum Abschluss pustete er mir gegen die Wirbelsäule. All das empfing ich mit gezügelter Ironie, im Nachhinein vielleicht etwas verblüfft darüber, dass ausgerechnet dieser Tempel nicht dem zaubrisch-angehauchten Shingon angehört, sondern dem moderaten und ja auch westlich anschmiegsamen Zen. Ich fragte mich nicht, ob der Mönch Meister höherer Lehren sei oder ein Narr, der okkulte Späße trieb. Diese Fremde hatte eben auch ihre amüsanten Seiten.

Aber jetzt, diese Horde junger Rüpel, Gangster, die sich an Fahrrädern zu schaffen machen?

Was hat mich und meine Taschen voller Geld überhaupt an dieses trostlose Ufer verschlagen? Ach ja, der Geiz! Sollte man nicht bei Tempel 34 umsonst übernachten können? Dort wedelte der Mönch sogleich brüsk mit der Hand, nein, hier nicht, aber dort, hier, auf der Karte, unter der Brücke! Die Brücke fand ich auch sofort, sie ist entsetzlich lang. Aber am Uferstreifen war nichts zu sehen.

Jetzt steigen die Burschen auf – japanische Mafia? Auffälliger als nötig präpariere ich meine Kamera.

Irgendwo hier hat es Kōbō Daishi kalt erwischt. In dieser Präfektur verweigerte man ihm in kalter Winternacht warme Bleibe. Er kauerte sich unter einer Brücke zusammen und rächte sich mit einem Gedicht: »Einem

Reisenden in Nöten helfen Menschen nicht – diese eine Nacht erscheint wie zehn.« (Japanisch hört es sich vielleicht raffinierter an.) Wenigstens ließen die Menschen den Dichter in Ruhe dichten. Sie büßen noch heute und sind so sehr um des Daishis Schlaf besorgt, dass die Pilgerregel gilt, den Stab niemals auf Brücken aufzusetzen: Darunter könnte der Verehrte schlafen, das Klopfen könnte ihn wecken. Nur Humoristen wenden ein, er sei schon wach, denn sie gingen schließlich mit dem Daishi Hand in Hand, und er könne sich schwerlich selbst beim Schlafen stören …

Sie kommen: junge Kerle mit tief gezogenen Strickmützen und einem Lächeln, das vor Skrupellosigkeit strotzt. Und während ich noch überlege, ob als letzter Gesichtsausdruck ein indignierter angemessen wäre, sind sie da. Ich wünsche einen guten Abend: »Konban wa.«

Die Yakuza-Novizen entpuppen sich als junge indonesische Fischer, die müde sind vom Aufschlitzen. »Arubaito, arubaito!« 18 Stunden schufte er täglich, sagt einer und zeigt die Schwielen seiner Hände. Sie würden schlecht bezahlt und noch schlechter behandelt von schikanierenden und diskriminierenden japanischen Vorarbeitern. Gedemütigte Gastarbeiter, knabenhafte Unschuld. Gegenseitiges Beschnuppern unter Heimatlosen.

Sie zücken ihre Fotokameras. Sie sortieren mich vielleicht unter »der Deutsche« ein, ausgerechnet mich, den kleinen Kerl, in dessen Erbgut Trolle nachweisbar sein dürften. (Die wirkliche Gründung unserer Familie ist übrigens fotografisch festgehalten: Unser Stammvater – vierschrötig und kompakt, weißer Spitzbart, Baskenmütze und Pfeife – rupft seine Geschöpfe Strunk für Strunk aus dem holsteinischen Rübenacker.) »Foto?« Aber gern! Ich filme die anderen ja auch und bilde mir ein, mir ein Bild machen zu können. Die freundlichen Fischer geleiten mich in die Stadt und kümmern sich um eine Pension.

Beim Sortieren der Wäsche versuche ich Ordnung in meine Gefühle zu bringen. Immer noch nicht ist die Erleichterung gewichen, einer Gefahr entronnen zu sein, obwohl niemals eine bestand. Welche Angstreflexe zucken da?

Anruf bei der Ferngeliebten: leichte Rückenlage in Vorfreude auf Süßholzraspeln. Sie hat gerade nicht so viel Zeit. Per SMS schreibt (beklagt? feiert?) sie, meine letzte Nachricht 39 Mal erhalten zu haben. Wohl ein technischer Defekt. Auf seine Fortdauer setzend, simse ich sofort zurück, ich bestünde darauf, nur eine einzige Mitteilung abgeschickt zu haben.

Die Schlaufen meiner Kameratasche beginnen zu reißen. Der Tag der wilden Illusionen endet mit einer Nähstunde.

Kilometer 403 / 7. April / Nacht

nippon. Der Tag beginnt um 4:56 mit dem Fernseh-Wetterbericht: weinende Comic-Gesichter mit Regenschirm. Darauf kann man sich verlassen. Wer in Japan das Wetter vorhersagt, ist mehr als ein Dienstleister. Er leistet einen Eid.

Wie versprochen, besteht ein Drittel der Wanderzeit aus Regen. Pilger sollten darauf vorbereitet sein (und vielleicht doch einen der bespannten Strohhüte kaufen), denn nichts trübt Wanderlust mehr als nasse Füße und durchnässte Wolle. Trotzdem ist es günstig, zwischen März und Mai zu reisen, nach der Winterkälte und vor der schwül-heißen Regenzeit. Nur im Herbst öffnet sich Oktober bis November noch eine zweite kleine Zeitluke, koloriert von Herbstlaub. Das Frühjahr wiederum hat die Kirschblüte für sich.

Im nächsten Supermarkt (vertrautes Terrain – sofort werden die Bewegungen elastischer) erstehe ich einen Regenschirm. An der Kassenschlange krakeelt vor mir ein Kleinkind, bis die junge Mutter sich herunterbeugt, es mit Kuss und Worten beruhigt und mir dabei vertraulich zuzwinkert.

Im tief hängenden Nebel balanciere ich über Friedhöfe mit glatt geschliffenen Platten, den Schirm in der Linken, die Kamera in der Rechten, und filme eine steinerne Grabstatue mit Regenschirm statt Hut. Amüsanter Grusel. Alle paar Meter wurschtle ich die Elektronik aus dem wasserdichten Beutel und wieder hinein.

Mit dem Nebel verzieht sich leider auch die fotogene Atmosphäre. In den Straßen liegt überall Müll. Das Einbeinstativ scheppert kalt. Busse brettern beim Überholen durch Pfützen. Durchgeweicht und verdreckt nach Rutschpartie auf feuchtem Laub erreiche ich Tempel 36. Im matten Graulicht wirkt der Tempel schlecht gefeudelt. Ein Feuergott mit Zöpfen, Glockenkordeln in Rot-Weiß, Brunnen mit besonders grausigem Drachenmaul – bei Licht besehen sicher pittoresk. Strahlend sauber strebt eine liebenswürdige Busgesellschaft zu beheizten Sitzen.

Allein im Regen auf Straße zu latschen, ist kein Karneval. Dankbar schlüpfe ich am Nachmittag in ein Wartehäuschen, das zum Unterschlupf für Pilger umgewidmet wurde. Aussparungen in der Vorderfront bilden Tür und Fenster. Gefaltete Wellbleche sperren die rückwärtig dümpelnde Bucht aus. Wenn jetzt noch jemand käme, mit dem ich an diesem Tag ein Wort wechseln könnte, wird es ein feiner Abend. Die Haltestelle bietet Steinbänke, Bastmatten und Decken für zwei.

Entsprechend aufgekratzt begrüße ich das Eintreffen eines Mannes in Weiß: Hira Yusaku. Er ist allerdings kein Pilger, sondern ein zufällig weiß gekleideter Fahrradfahrer auf Inselerkundung. Ein lachender, rundlicher Mittzwanziger. Nachdenklich betrachtet er den spröden Beton, während ich, unnötig aufgeräumt, den Hausherrn gebe: »My home is my castle«, ironisiere ich das notdürftige Asyl, und unverzüglich unterbricht der Lachende sein Lachen. Gescheiterter Witz. Ich beeile mich, am Automaten zwei Dosen Cappuccino zu besorgen. Hira öffnet eine Packung »chewing candies«.

Weniger erfolgreich ist unsere Trüffelsuche nach Worten, als Hira, offenherzig und stockend, mit langen Anläufen und Pausen, von der Liebe spricht: von der zarten Liebesbeziehung der Japaner zur Kirschblüte, zur *sakura*, ihrer im herrlichen Erblühen schon wieder dahinschwindenden Schönheit.

Japan liebe Kirschblüten.

Ja, ergänze ich, und Kirschblüten lieben Japan, deswegen gäbe es hier wohl so viele. (Erneutes Scheitern.)

Die Kamera läuft. Eine Laune treibt mich, Hiras Gesten zu imitieren: Vielleicht erwische ich ja in der Wiederholung einen Zipfel des Gemeinten ... Im gleichen Moment ohrfeigt mich die Erinnerung an die Mutter, die mir am Morgen im Supermarkt zuzwinkerte: Im Zwinkern bestand das heimliche Komplott, der Judaskuss. Der Seitenblick zu mir degradierte das Zwiegespräch mit ihrem Kind zu einem Trick, zum Schauspiel, inszeniert für den Zuschauer. Und zwinkere ich mit meinen Gesten nicht soeben der Kamera zu? – Nein, nicht schon wieder!

Er habe auf seiner Tour von Hiroshima nach Shikoku, sagt Hira, blühende Kirschbäume fotografiert, Bäume wie diesen hier auf dem Monitor seiner Digitalkamera. Es ist kein kunstvolles Bild, ein Schnappschuss wie viele. Doch gerade deshalb wird dieser Moment zu einem kleinen Geständnis eines Geheimnisses: zwei wortlose Männer mit einer Tüte Süßigkeiten, die sich gemeinsam über ein Kirschbaumbild beugen.

Hira erwähnt noch eine zweite Liebe der Japaner: zu Suizid. Warum denn das? »Japan – no future«, antwortet er traurig. Der beliebteste Ort zum Vollzug sei gar nicht weit von hier, am Kap Ashizuri.

Der Reisende will weiter. Ein letztes Foto auf seiner Digitalkamera zeigt das Denkmal eines Samurai, die rechte Hand napoleonisch unter den Mantel geschoben, die Unterlippe vorgewölbt, den Zopf gezurrt und selbstgewiss. Hira sagt: »Nippon, Japan need independance.«

Die Haltestelle wird in der Nacht zum Kino. Ich habe einen Liegeplatz. Die Vorderfront rahmt ein Breitwandformat. Meistens ist das Bild schwarz. Irgendwann tasten Lichtkegel ins Dunkel. Sie erhellen ein Panorama aus Böschungen, Himmel und den Ellenbogen der Landstraße. Ein Rumpeln im Off kündigt die Actionsequenz an: Angriff des Spähpanzers, Scheinwerferlichtdetonation in meinem Winkel, Kreuzen der Hände vor dem geblendeten Gesicht, Quietschen und Röhren in Dolby surround. Dunkelheit. Stille. Ein Trailer. Er wiederholt sich allerdings zu oft, und mein dreifacher Job als Statist, Leinwand und Zuschauer wird anstrengend.

Rollenwechsel: betrunkene Stimmen. Werden sie lauter? Wieder harmlose Indonesier oder diesmal wirklich marodierende Banden? Heißt es nicht, die stockbraven und prüden Japaner zeigten ihre gänzlich ungezähmte Kehrseite dann, wenn niemand zusieht? Jetzt ruhig bleiben, beiläufig das Schweizer Taschenmesser nehmen, Scharnier prüfen, Klinge öffnen, einklappen – die Lächerlichkeit meiner Wappnung vertreibt immerhin das Mulmige. Wieder trifft mich eine volle Ladung Scheinwerfer. Der LKW verklappt Fahrtwind ins Kabuff. Die Stimmen verschwinden … unruhiger Dämmerschlaf.

Kilometer 429 / 8. April / Nachmittag

kōhii. Die Nacht ist kalt. Eisblumen auf den Augen. Am Morgen steigt aus den Himmeln beleuchteter Küchen ein Engel in Schürze zum Wartehäuschen hernieder, auf den Armen ein Tablett mit Frühstück, das er zufällig punktgenau in den Bildkader der Kamera stellt. Kanne hinstellen, Ei aufschlagen, guten Appetit wünschen, aus der Kadrage huschen – alles wie bestellt und inszeniert. Und was für ein Timing!

Wärmen mit Kaffee.

Schwärmen für Kirschblüten – warum eigentlich nicht, statt mich gegen Kitsch zu immunisieren? Japan feiert das *hana-matsuri*, den Geburtstag Buddhas. Streifzug durch liebliche Kleinstädte, überzogen mit sanft schaukelnden Stromleitungen. Mütter auf Fahrrädern mit Kindern auf dem Lenker. Sie treten die Pedale im Takt der Chorlieder, die aus Lautsprechern rieseln.

Aus dem Ort geleiten geräumige Grünstreifen mit Alleen. Bäume voller Laternen schütten Blüten auf schwatzende Frauen mit Picknickkörben. Aus Gräsern perlen Schmetterlinge. Knetendes Gehen über geblümte Wiesen in den Wald. Auf dem Weg spielen Schuh und Stock das einzig wahre Pilgerlied. Das Schritttempo bestimmt den Rhythmus. Die Strophen lauten: Asphalt, Rinde, Laub und Erde. Böden haben ihren eigenen Klang: das Hohle der Sohlen auf Wurzeln, das Knirschen auf Sand, das Knautschen auf Blättern, das Dumpfe auf mehligem Grund. Ich lasse mich treiben, folge dem Weg der Blumen, werde Rotkäppchen und gerate auf Abwege. Schlendrian.

Waldiger Berg abseits der 88er-Pflichtroute. Krähen – sie rufen kehliger als daheim. Ein bulliges Tempeldach liegt in einem Kissen aus Baumkronen. Kirschblüten schneien. Durch das rosa Gestöber stapft ein dunkler Mann mit Zopf – sagen wir: ein erdiger Bauersmann – in braunem Pulli und schwarzer Schlabberhose.

»Konnichi wa«, sagt er. So weit klar: Guten Tag.

»Konnichi wa, gomen nasai, doitsu-jin.« Guten Tag, Entschuldigung, Deutscher – wofür habe ich mich da gerade entschuldigt?

»Ah so!«, sagt der Bauer, was deutsch klingt, aber japanisch ist, allerdings im Japanischen das Gleiche meint. Er lädt zum Kaffee: »Kōhii?« Gleich auch begrüßt eine – seine – Frau in Schürze mit hellem Lachen, das ich mit Lachen beantworte (PS 2011: ... zumal ich den Grund ihrer Freude erst nach meiner Heimreise durch einen Übersetzer erfahre: »Ah, Sie haben eine ganz lange Nase.«). Auch ein heranwachsender Sohn ist zur Stelle, wie aus dem Nichts auch ein Tablett mit Bechern. Zu viert sitzen wir im Karree auf Blumenkästen aus Beton.

Ich lasse die Kamera weiterlaufen, während ich sie wie zufällig auf einem Stein ablege. Der Bauer sagt etwas, das ich nicht verstehe (PS 2011: »Sie können gut Japanisch«), aber ich komme dahinter, dass der Bauer eigentlich Mönch ist und mit seiner Familie dieses eingefriedete Paradies bestellt.

Mönch: »You o-henro?«

Ich: »Yes, wonderful experience. Have you done it?«

Er: »Yes. One, two, three times.«

Das Gespräch stockt, verknotet sich in einem Gewirr aus »doitsu«, »japan«. Wann ich heimführe? Ja, nein, doch nicht. Oder was? Meine Blicke saugen sich an den Socken des Mönchs fest. Sie sind schwarz und haben violette Bündchen, so viel steht fest. Die Familie unterhält sich.

(PS 2011: Daheim ergibt die Übersetzung:

Frau: »Es gab doch da einen deutschen Typ.«

Mönch: »Nein, der kam aus San Francisco.«

Sohn: »Das war ein anderer. Der deutsche Typ war jünger.«

Frau: »Es gab jemanden aus Deutschland bei uns.«

Mönch: »Ja, ja.«)

Er wendet sich mir zu: »Are you Belurin?«

Schnalzend löst sich mein Blick: »Berlin and Kiel. Kiel is close to Danmark.«

Mönch: »Danmarko! Beautiful!« Kläffendes Husten.

Damit schwenkt das Beisammensein, das seit dem Niedersetzen sechs Minuten dauert, in die entscheidende Phase ein.

Mönch: »Yuyaifudä?« Was meint er nun? »Yuyaifu, yuyaifudä … … … oksama …« Wörter wie nasse Lappen.

Gemeinsam ringen sie, fragen einander. Erneut flirrendes Wortgestöber. Ich konzentriere mich: Ja, der Kaffee ist etwas körnig, aber aromatisch.

(PS 2011: Sohn: »Ich habe in meinem Handy ein Wörterbuch, ich kann nachsehen.«

Frau: »In Deutschland spricht man Deutsch, nicht wahr?«

Mönch: »Ja.«)

Der Sohn zeigt mir das Display: Ah, natürlich, »yu-yaifu« meint »wife«. Ich überlege kurz: Vor zwei Tagen stürzte mich die wahrheitsgemäße Angabe des Ehestands in Erklärungsnot. Mit über vierzig Jahren ledig zu sein, wirft unnötige Fragen auf. Um die Wirrnis unseres *kōhii*-Kränzchens nicht zu vergrößern, lüge ich dem gastfreundlichen Mönch also direkt ins Gesicht: Ja, Ehefrau, zwei Töchter, zwei und vier Jahre, ungefähr so groß (Hand heben, zwei Stufen, kurz versonnen lächeln wie im Erinnerungsanfall). Glückliche Gesichter, Gruppenfoto mit Bechern und Victory-Gruß.

Mönch: »Läuft die Kamera? Immer noch? Das ist doch Verschwendung!« Hier irrt der Mönch.

Kilometer 438 / 8. April / Abend

goethe. Nach der Verabschiedung zurück auf Waldwege. Wer hat die Rinde geraspelt und vor mir ausgestreut? Welche Hand wedelt die Zweige, um mich mit Blütenblättern zu streicheln? Die zweite Frage zumindest ist leicht: Das bin ich. Alles stupse ich an, beschwipst vor Glück. (Komplizierter ist da schon die sich anschließende Frage: Was war im Kaffee?)

Dieses Stolpern und Stammeln – ich genieße das immer mehr und musste meine Enttäuschung verbergen, als das Übersetzungsmodul unser aussichtsloses Ratespiel beendete. Befanden wir uns nicht in einem Beckett-Drama mit fröhlichem Ende, einem absurden Scheitern, dessen Glück im Scheitern lag?

Es ist nicht eben konsistent, was durch meinen Kopf flirrt, sogar gegensätzlich: einerseits Vorfreude auf die japanischen Wortschätze, die ich erst in Deutschland auspacken werde; andererseits Freude über das Sprachlose. Letztere überwiegt.

Vielleicht bleibt mir ja wirklich der ritualisierte Smalltalk des Jakobswegs erspart: jenes *Woher kommst du, wo bist du losgegangen, wie viel läufst du am Tag?* Im Bedürfnis nach pilgrischer Gleichheit verständigten wir uns in Spanien so oft auf gemeinsame Nenner, dass es in der multikulturellen Begegnungsstätte irgendwann nach Wohnzimmer roch, und ich dachte: Schuld daran ist die Sprache, dieser verflixte kleine Lügenapparat (das sagt der Richtige: der Heirat-Schwindler und Hochstapler!), der alle Unterschiede kaschiert, indem er verspricht, man spreche von denselben Dingen, wenn man dieselben Wörter verwende. Diese Annahme ist ja sehr gewagt. Was versteht die Familie des Mönchs unter »Ehefrau«, unter »Baum« oder »Nichts«? Wie viele Lexika wären notwendig, um den einfachsten Satz zu verstehen, im ›tiefsten Grund‹ zu verstehen, in der Summe aller Definitionsverästelungen, aller mitschwingenden Unter- und Obertöne, allen Beigeschmacks, in seiner ganzen Sinnlichkeit und seinen Voraussetzungen, die scheinbar keiner Erwähnung bedürfen, obwohl nichts – und das »Nichts« zu allerletzt – selbstverständlich ist.

Ja, ich weiß: erst keine Hausaufgaben machen, weder Sprache noch Kultur studieren, aber hinterher Faulheit mit abgedroschener Sprachkritik schönsaufen. Die Skepsis zielt aber immerhin nicht auf das unappetitliche Gejammer über Worte, die »im Munde zerfallen wie modrige Pilze«, sondern wendet das Fatale ins Positive, in die Utopie. Sie würde bedeuten: einverstanden sein, einander nicht zu verstehen; Unbekanntes als Unkennbares auszuhalten; miteinander fremd zu bleiben; das Fremdeln vor dem Fremdsein zu überwinden. Wer hier soeben auf Rindenraspeln und durch Blütendaunen tänzelt – zugegeben: beinahe torkelt –, ist kein Zyniker, sondern ein Romantiker.

Eine betagte Pensionswirtin schiebt mit geübtem Rütteln die Tür beiseite: »Ah, doitsu-jin!« Sie grinst: »Danke scheen.« Pflichtschuldig juble ich überrascht, beglückwünsche zum Deutsch, als ihr nach kurzer Pause einfällt: »Ah so, doitsu-jin: Amerika!«

Tagebuch schreiben. Kurzer Check des Mönchsgesprächs: Die Kamera starrte zehn Minuten lang auf zwei Schuhe mit Socken.

Es gibt einen Fernseher. Gerade läuft das Bildungsprogramm. In einem an *Aktenzeichen XY* erinnernden Blau-Grau-Studio rezitiert ein deutscher Mann mit gekreuzten Händen über bauchnabelhoch gegürteten Jeans ein Gedicht. In Japan auf Kulturmission. Heute: Goethe.

> »Über allen Gipfeln
> Ist Ruh,
> In allen Wipfeln
> Spürest du
> Kaum einen Hauch;
> Die Vögelein schweigen im Walde.
> Warte nur, balde
> Ruhest du auch.«

Das weht wohl an den Wanderer, der auf abendlichem Bergesweg das Ausatmen der Walderde einatmet und über ein Tal auf Baumkronen blickt, die sich im matten Schatten wie Broccoli wölben. Dieses kurze Luftanhalten beim *Spüren*, die kurze Spannung nach dem *balde*! In der Sendung aber, im korrekten Kulturexport und Gedichtaufsagen eines Germanisten mit Zusatzqualifikation ›Deutsch als Fremdsprache‹ rieche ich das Formalin der Plastination: Das kulturelle Präparat wird trocken, geruchlos und unbegrenzt haltbar. Eben hat es noch kurz gezuckt. Jetzt kommandiert der Moderator: »Wir hören ihn ein zweites Mal.« Erstorbener kann *Wanderers Nachtlied* nicht mehr werden. Ein roter Vorhang fällt, das deutsch-japanische Kollegium winkt: »Auf Wiedersehen!«

Wenn nur die Nähte nicht reißen! Die Laschen der Kameratasche lockern sich immer schneller. Ich könnte die Kamera auch oben in den Rucksack legen, aber dann ist sie nicht mehr auf die Schnelle griffbereit. Abends waschen, trocknen, stopfen, nähen – Abenteuer Hauswirtschaft.

Kilometer 460 / 9. April / Mittag

itsu. Waldlichtung. Geduld ist eine Tugend. Sie lohnt immer. Das Stahlgitter einer Eisenbahnbrücke zerschneidet formschön den Himmel. Ich richte die Kamera steil nach oben und werde hier so lange warten, bis ein Zug über die Brücke fährt. Wie ich das verwende, weiß ich nicht, doch was zählt Kalkulation gegen Inspiration? Außerdem habe ich Zeit.

In der letzten Ortschaft stellte ich mich mal wieder besonders dusselig an. Beim ersten Anblick war ich heilfroh, keine der vielen Schriften und Annoncen lesen zu können: Wer nichts entziffert und nichts liest, behält das Gesamtmuster im Blick, genießt grafische Ästhetik, unbehelligt von Inhalten, Slogans und Annoncen. Flanieren durch Formen. Im Straßengewirr angekommen, vermisste ich Infos. Gerade in Städten ist die Beschilderung dürftig. Ich verschätzte mich mit den Entfernungen. Es gab zu viele Möglichkeiten und Kreuzungen.

Dauernd blieb ich stehen. Erstaunlich häufig lief ich nicht nur in die falsche, sondern direkt entgegengesetzte Richtung (alte Linksrechtsschwäche). Große Erleichterung, als der Weg sich wieder in die Tiefe streckte, hinein in den Wald.

Der Zug – es wäre schön, er käme. Ich übe ein neues Wort: *itsu*, »wann«.

Eben hat es doch auch wunderbar geklappt! Ich stellte die Kamera ab, um über einige zum Steg vertäute Stämme zu balancieren und über laubbedeckte Wege in den Wald zu verschwinden – Wanderbilder kann man nie genug haben. Als hätte ein Regisseur »Bitte!« gesagt, pfiff dazu mein Lieblingsvogel sein Lied, eine Abfolge aus drei Pfeiftönen, deren mittlerer Ton in die Höhe hüpfte. Mehr noch als die Melodie bewunderte ich die Ausdauer. Der Pfeifer setzte mit lang gezogenem Triller ein, wechselte dann in schnellen Dreivierteltakt, als lüfte er pumpend sein Gefieder, flötete ohne abzusetzen, lang und immer länger, mit abnehmendem Tempo, bis ihm die Luft ausging und er den letzten Takt japste. Luft geholt und aufs Neue gepfiffen. Ein Held.

Der Zug könnte jetzt kommen.

Und dann wieder, vorhin, als es regnete: Auf Waldwegen schmolz braunes Laub, zerfielen Rinde und Holz wie morsche Grenzbäume der Wirklichkeit. Aus bodennahen Höhlen quoll das Quaken der Kröten, als geriete ich in einen Film von Apichatpong Weerasethakul, ins Gebiet der Zwischenräume, wo Menschen und Geister einander begegnen, ohne Horror und Schrecken, mit gegenseitigem Bleiberecht. Ton-Atmo!

Während ich mit Rucksack, Regenschutz und unter-geklemmtem Schirm auf dem Boden hockte und meine Kamera in das dunkle Erdloch hielt, zog mit leisem Ge-klingel ein Pilger vorbei, und ich überlegte, dass ich ihm vielleicht heute Nacht im Traum erscheine, und wie schön es wäre, eine Autobiografie aus anderer War-te zu schreiben: nicht als Werdegang der eigenen Per-son, sondern als Summe dessen, was man in die Welt trägt, ohne es zu wollen und zu wissen. So eine Biogra-fie erfasst nicht das Stäbchenstochern des Biografierten in der Miso-Suppe, sondern die Folgen für die Köchin (Übelkeit, Umschulung, …). Ein anderes Kapitel wid-met sich dem Radfahrer, dessen Leben eine Wendung nimmt, als er dem geistesabwesenden Biografierten aus-weichen muss. Ein weiteres verfolgt den Schläfer, dem in einem flüchtigen Traummoment ein zweckloser Zwerg an einem Erdloch erscheint …

Dann eben nicht. Was soll auch eine Zugbrücke? Ich pa-cke zusammen. Drei Minuten später rollt der Zug über mich hinweg, eine Minute später der Gegenzug.

Kilometer 479 / 9. April / Abend

hannya shingyō. Kaum kann ich es abwarten, wieder Einzug zu halten in den Tempelbezirk, die altvertrauten grimmigen Wächter zu grüßen und den Stamm gegen die massive Glocke zu rammen, um den Göttern meine Ankunft anzuzeigen. Freudig strebe ich zum Haupttem-pel, überfliege noch einmal eine kopierte Übersetzung, um das Sutra zu singen, den zentralen Lehrtext über Leere und Form, das Herz-Sutra, das *hannya shingyō*. Es geht von der Annahme aus, dem Körper haften fünf *skandhas* an (Empfindung, Wahrnehmung, Denken, Wollen/Handeln, Bewusstsein). Es gelte, sie als nichtige

Erscheinungsformen in ihrer Leerheit (*kū*) zu erkennen und zu überwinden.

Schon stehe ich (mit Textblatt) inmitten einer Besuchergruppe und schnurre die Litanei: »Sha-ri-shi, shiki fu i kū, kū fu i shiki ...« – »Form ist Leere, Leere ist Form; Form ist nicht verschieden von Leere; insofern ist Form Leere und Leere ist Form. Leere ist nicht verschieden von Erscheinungsform, und auch die fünf Skandhas sind Erscheinungen ...« –

– und in meinem Inneren summt der beschwingt-beschwörende Beginn des Buches Kohelet mit, in seiner, aus dem Waffengerassel der Bibel ja so zierlich herausragenden, fernöstlichen Poesie: »Windhauch, Windhauch, alles ist nur Windhauch. Welchen Vorteil hat der Mensch von all seinem Besitz, für den er sich anstrengt unter der Sonne?« –

– während ich fortfahre, Buddhas Schüler Sariputra zuzurufen: »O Sariputra, alles Dasein ist in seinem Wesen Leere, es gibt darin weder Geburt noch Vergehen, weder Reinheit noch Beschmutzung, weder Zunahme noch Abnahme. Daher, O Sariputra, sind in Leere weder Form noch Skandhas, nicht Augen, nicht Ohren, nicht Nase, Zunge, Körper oder Bewusstsein; nicht Form, Töne, Farben, Geschmack, Gefühl, nichts zu tasten, nichts zu denken« –

– wobei er mir verschlossen bleibt, der Zugang zu den Höhen und Tiefen des *kū* und *mu*, zu Leere und zur Vielfalt des »Nicht« und »Un-«, doch horche ich gern auf den Gesang und seine Monotonie, die ein Schweigen klangbar macht. Mir bleibt die sangliche Kalligrafie, die Abfolge von Konsonanten und Vokalen, »... mu kū shu metsu do, mu u kū fu ...«, unterlegt vom Metronom klappernder Hölzer in den Händen von Pilgerführern, die uns weiter durch das Sutra treiben:

»Wo wir hingelangen, gibt es weder Wissen noch Unwissenheit, weder Illusion noch Auslöschung der Illusion, kein Altern, keinen Tod, noch die Beseitigung von Altern und Tod, kein Leiden, keine Anhäufung, keine Tilgung, keinen Weg; es gibt dort weder Wissen noch Ziel noch Erkenntnis, denn es gilt kein greifbares Ziel zu erreichen. Dank dieser Weisheit, die über all dies hinausführt, gibt es für den *bosatsu* weder Angst noch Furcht; jenseits der Illusionen und Anhaftungen erreicht er das höchste Ziel des Lebens, das Nirwana« –

– und sogar ich rufe irgendwann das Mantra auswendig, diese magisch aufgeladene Schluss- und Schlüsselzeile:

»Gyā-tē, gyā-tē, hā-rā gyā-tē, hara sō gyā-tē, bō-jī sowa-kā. Han-nya shin-gyō. / O Bodhi, lasst uns darüber hinausgehen, darüber hinaus und noch weiter, hinüber zu dem jenseitigen Ufer der Höchsten Weisheit.«

Mit dem Ohr beim Chor singe ich mit, in Vorfreude auf das bezwingende Finale, in dem die gehaltene Spannung absinkt, als würde man seine Hand sanft auf eine Langspielplatte legen – und so verklingt das *hannya shingyō*.

Kilometer 479 / 10. April / Morgen

arigatō. Im selben Tempel nehme ich Quartier. Tempel 37 lockt mit rot gestrichenen Geländern und überhaupt angenehmem Äußeren. Holzgesimse und Gottheiten bilden eine stattliche Gedenkstätte voller Legenden und Bezüge zum Daishi. In Erwartung erhabener Stille betrete ich das Zimmer. »Look: sakura!«, frohlockt der Mönch und zeigt auf den Baum vor meinem Fenster – die einzige Pflanze auf dem Parkplatz. »Danke« heißt *arigatō*.

Später kommt vom Balkon ein Schnaufen wie aus riesigen Nüstern: das Schaben eines Besens. Danach dröhnt der Belüftungsgenerator. Manchmal hört man ihn nicht, denn direkt hinter der Tempelmauer verläuft eine überaus belebte Bahntrasse.

Nachts verkehren keine Züge. Sie erwachen mit den Vögeln und bringen klappernd den Morgen. Zu meiner Verblüffung erwache ich ausgeschlafen und denke, wie schön es ist, dass heute Nacht Menschen aus A in A geblieben sind und Menschen aus B in B.

Mit leichtem Zerren in den Kniescheiben folge ich auf Unterschenkeln der Morgenzeremonie. Im Kerzenlicht, das Statuen und das seidige Gelb und Orange der Stoffe schimmern lässt, singen die Versammelten dreimal das *hannya shingyō*. Ganz textsicher sind auch meine japanischen Pilgerbrüder nicht, aber beim Refrain stimmen alle mit ein. Einzeln gehen wir zur Rauchschale, nehmen vom Kraut, führen es zur Stirn und legen es in die Glut. Am Ende erhält jeder ein Geschenk. Ich bekomme ein Glöckchen, das, an den Stab gebunden, vom Dösen abhalten soll.

Ja, gestärkt gehe ich aus der Predigt hervor, geradezu persönlich angesprochen vom Priester, der mir zuliebe Teile ins Englische übersetzt und von seinen Erfahrungen auf dem christlichen Pilgerweg in Spanien berichtet. Von seinem Bedauern, dass auf dem Camino de Santiago stets diverse Religionen miteinander konkurrieren und im Widerstreit verfangen seien. Und von seiner Freude darüber, wie gleich gesinnt ein jeder auf dem buddhistischen Pilgerweg sei.

Leise, unhörbar leise, räuspert sich in mir der Hinterbänkler, schilt lückenhafte Logik und blickt unangefochten in einen glöckchenbimmelnden Vormittag.

moshi moshi. Ich weiß nicht recht, ob es ein Selbstver-
such ist, mich von irgendwelchen »Anhaftungen« zu be-
freien, der mich dazu treibt, nach den Fehltritten und
Fettnäpfchen dieser Reise – nach dem Verrat Makotos,
der Heimtücke gegen Hira, dem Misstrauen gegen hilfs-
bereite Indonesier und nachts lachende Spaziergänger –
den Vogel abzuschießen. Ich tue es jedenfalls. Und der
Vogel bin ich.

Während ich wieder mal (es ist zum Auswachsen!)
Garn in die abgenutzten Nähte der Taschenlasche fäd-
le, wächst der Wunsch, Klarheit ins Gewurschtel meiner Sehrfernbeziehung zu bringen, die je ferner, desto
besser ist. Gilt es nicht, statt in Sehnen und Bangen zu
wabern, den Dingen endlich ins Gesicht zu sehen?

Das ist zunächst natürlich vergessen, als die Verbindung klappt. Nach der munter-frivolen Kopie der japanischen Begrüßung *moshi moshi* tuscheln wir traulich
– uns hört ja niemand – über Landessitten (»Gestern
Abend, oh Gott, da musste ich ein faustgroßes Tier vom
Kopf aus in mich reindrücken. Man beißt ihm einfach
den Kopf ab«), Pilger (»Die gehen immer nur da, wo
Tempel sind; hier sind aber gar keine Tempel, ich bin
der einzige in diesem Hotel«) und Reiseverlauf (»Wenn
ich dann am südlichsten Punkt bin, geht's wieder Richtung Norden«). Der zweite Teil des Dreiakters birgt den
romantischen Teil, bis zur Dialogzeile, die das Anliegen
sowohl des Filmers wie des Geliebten in einem Satz und
Wort zusammenfasst:

»Sag mal, kriegen wir bitte mal eine *Einstellung* hin?«
»Mmh, ja, eine was?«

»Eine Einstellung. Ich finde, uns fehlt eine Einstellung zueinander. Dass wir uns immer aus der Ferne so
prima anplänkeln, ist ja super, aber aus der Nähe …«

»… ist das nicht so super.«

»Ja, aus der Nähe ist das nicht so super. Aus der Nähe fehlt da eine Einstellung.«

»Ich weiß das.«

»Das ist ja keine Perspektive, sich aneinander zu freuen, wenn man einander nicht sieht … Wenn ich so vor mich hindenke und dahinwandere – und viel mehr hat man ja nicht zu tun – dann ist das Gefühl nicht das beste …«

»Du musst dich mal ablenken.«

»Ich will mich ja gar nicht ablenken.«

»Na ja, stimmt, die Zeit macht das auch nicht besser.«

»Die Zeit macht das sogar eher schlimmer. Mit der Zeit finden wir uns ab. Faktisch gesehen hatten wir ja noch nicht mal mehr Sex – also jedenfalls nicht viel …«

»Mich belastet das alles ja auch.«

»Beziehungen sollen ja nicht belastend sein. Wenn eine Beziehung zu etwas Belastendem wird, dann weg damit … das muss ja anders sein … also anders eben, anders …« – ein schlappes Japsen, als beende mein Lieblingsvogel das *hannya shingyō*.

Es hält nicht lange an, das bereinigende Gefühl letzter Worte. Plötzlich eine »Einstellung« abzufordern, war wohl doch etwas übers Knie gebrochen. Noch im Einschlafen würgt es mich, in meinem dauernd irgendwie hinkenden und voreiligen, jedenfalls chronisch schlecht getimten Liebesleben endgültig verschissen zu haben.

Kilometer 515 / 11. April / Morgen

hagakure. Die Wanderung beginnt mit einer Pause am Strand. Das lief gestern Nacht nicht so gut. Jedenfalls persönlich. Filmisch liefert das Telefonat ein begrüßenswertes Kontrastprogramm zum glückhaften Kommunikationsdesaster mit der Mönchsfamilie. Und es verlegt die Suche nach Orientierung, Position und Einstellung ins Innere … Aber welcher Teufel ritt mich, das intime Zwiegespräch aufzunehmen? Ließ ich mich vom Mikrofon, dieser latenten Bühne, stimulieren, mich zu weit über die Rampe zu lehnen? Nicht auszudenken, so dämonisch blöd zu sein.

Zur inneren Stärkung greife ich zum Leitfaden für Samurai. Das *Hagakure* empfiehlt:

Stell dir jeden Morgen aufs Neue vor, dass du bereits tot bist. Halte dich jeden Morgen, wenn dein Geist friedvoll ist, ohne Unterlass für tot, denke über verschiedene Arten des Todes nach, stelle dir deine letzten Augenblicke vor, wie du von Pfeilen, Kugeln und Schwertern in Einzelteile zerfetzt wirst, von einer Woge weggespült wirst, in ein rasendes Feuer springst, von einem Blitz erschlagen wirst, in einem großen Erdbeben untergehst, von einer schwindelerregenden Klippe stürzt, an einer tödlichen Krankheit leidest oder plötzlich tot umfällst.

Hier in der Region stürzen sich, wie Hira sagte, tatsächlich viele Japaner die Klippen hinab, genauer gesagt: von den Felsen am Kap Ashizuri. Dort liegt der nächste Tempel.

Kilometer 549 / 11. April / Abend

hachijūhachi. Am Vormittag kommen mir zwei flüchtig bekannte Pilgerinnen entgegen. Das südliche Kap war ihr Wendehammer. Jetzt gehen sie aus der Sackgasse ein Stück zurück, um die Abzweigung zum nachfolgenden Tempel 39 zu finden. Wiedersehensfreude, Verbeugung, Frontalangriff:

»What is *henro boke*?«

Schweigen. Ich bin zu sehr mit der Tür ins Haus gefallen. Erst anwärmen.

»Why are Japanese people so kind?«

Entspanntes Lächeln. Auskünfte humanitärer Liebenswürdigkeit.

»Why do so many Japanese people commit suicide?«

Das Lächeln verkantet wieder.

Geschwinder Abschied. Die hohe Schule des Interviews war das nicht. Ich bin offenbar nicht gut in Form, auch was die Etikette betrifft. Weiter geht's zum Todes-Kap.

Volle Busse mit winkenden Glücklichen.

Aufflammender Hass auf Nettigkeit.

Mein Glöckchen ist weg.

Hass auf Schönheitsideale, die nicht meinen eigenen entsprechen. Ich hege den unbedingten Wunsch, dass eine Neandertalerin wie ein Mannequin durch Busse stolziert, eingebildet auf die kurzen Beine, die fliehende Stirn und die Wülste über ihren Augen, in der Hand ein Sonnenschirm.

Um mich abzulenken (wie zickig das war, jenes »Ich will mich ja gar nicht ablenken«!), tätowiere ich den heute gefundenen Filmtitel in die Inselhaut: 88. Ich ritze die Zahl mit dem Stab in Flechten und Moose der Wände und Mauern – ein eher bescheidener Beitrag zur Kalligrafie.

88, das wäre sogar bilateral verwendbar und läse sich *hachijūhachi* bzw. *achtundachtzig*. Das suggeriert ein sinniges Symbol, das sich auf den zweiten Blick in Luft auflöst, denn die japanische Ziffer hat ja keine Ähnlichkeit mit der arabischen »8« oder dem Unendlichkeitszeichen »∞«. Die Festlegung der Tempelzahl ist Gegenstand vieler zahlenmystischer Spielereien und verliert sich im Nebel der Mythen. Vielleicht leitet sie sich ab von der Anzahl der Stupas, die Buddhas Überreste bargen, vielleicht auch von der Summe der weltlichen Begierden. Manche rechneten aus, 88 sei die Summe der Krisenjahre: Männer seien mit 42 im schwierigen Alter, Frauen mit 33, Kinder mit 13. Nichts wirkt ganz stimmig. Das Logo scheint einfach zu funktionieren, und der Wallfahrtsverband fuhr gut damit, sich – wohl im frühen 18. Jahrhundert – auf die griffige Zahl festzulegen.

Eines jedenfalls ist sie nicht. Hier, im Land der arglosen Swastika, ist die 88 kein versteckter Hitlergruß. In Deutschland mag das so sein, aber der Alphabets- und Zahlenmissbrauch der Neonazis wäre eher ein Grund mehr, die 88 gegen die Schänder zu verteidigen.

Fehlt noch der Untertitel, einer, der vertriebsdienliche Reizwörter setzt, etwas wie »Pilgern auf Japanisch« … nein, das fehlte noch, dieses bemühte Zwinkern, dieses Anspielen auf Klischees, dieses Kopieren von *Verführung auf Französisch*, *Hochzeit auf Italienisch*, *Seitensprung auf Italienisch*, *Scheidung auf Französisch*, *Mord auf Italienisch* – die Filmgeschichte birst vor solchen Scherztiteln und wiederholt den schlappen Witz in grausamer Hartnäckigkeit. Außerdem: Welcher Pilger pilgert weniger japanisch als ich – also Ironie? Fragt sich, wie Ironie im Titel eines unbekannten Produkts funktionieren soll. (PS 2011: Während der Postproduktion kam 2007 Coline Serreaus *Pilgern auf Französisch* in die Kinos. Das gab letztlich den Ausschlag – seltsamerweise *für* den Untertitel. PPS: 2011 startete *Fasten auf Italienisch*.)

Gesamtlaufzeit bisher: 550 Kilometer, im Durchschnitt täglich 28.

shikoku. Trist wäre ein Tagesbeginn ohne glitzernde Steinmäler im Morgenlicht. Ich sehe der Insel beim Sterben zu, wenn ich auf die gewässerten Felder blicke. Als würde es nicht lohnen, sich in den Pausen zwischen Säckeschleppen und Sprösslingsetzen aufzurichten, verharren hochbetagte Alte in der Krümmung und krümmen sich jedes Jahr ein Stück näher dem Erdboden entgegen.

In Tempel 38 interpretiere ich die Speisetafel als dampfende Pasta mit zischender Cola und bekomme kalte Nudeln mit kaltem Kaffee. Bekömmlicher ist der Aufenthalt in den Parkanlagen mit Pagode, Zierfelsen und Kirsche. Unter einer in Blütenpracht prangenden Baumkrone verbringt eine junge Englischlehrerin ihre Mittagspause mit Fotografie: Ja, Shikoku sei ein Ort der Alten. Auch ohne Calciummangel und Laktose-Intoleranz werde die Insel nicht jünger. Der Nachwuchs fliehe die Äcker, Reisfelder und Fanggebiete. Er ziehe fort, nach Osaka und Tokyo. Auf Shikoku liege nicht die Zukunft Japans, sondern seine Vergangenheit. Hier sei Japan japanischer als im ganzen Land. Und vergreise zum Museum, zum Friedhof. Landesweit gelte Shikoku als beliebteste Adresse für Bestattungen.

Shikoku, sagt die Lehrerin im Aufbruch, sei eine Todesinsel. Der Name bestehe aus zwei Kanji-Zeichen: *kuni* für Land, *shi* für 4 (die Zahl der Präfekturen), *shi* stehe aber ebenso für Tod. Und die Shikoku-Wallfahrt heiße *hachijūhakka-sho* und nicht *hachijūhachi-sho*, denn *haka-sho* würden heilige Orte genannt, die ein besonders enges Verhältnis zu den Toten unterhielten.

Pilger gedenken auf Shikoku nicht nur der Toten, sie gesellen sich zu ihnen. Pilgerkleid und Totenhemd (sinnigerweise auch die meisten Autos) teilen sich die Todesfarbe Weiß. Als Pilger ist man am Ende fremd- und heimgegangen, und diese Aufhebung von Ausfahrt und Rückfahrt, von erhöhter Lebenslust und Todeserfahrung, knüpft ein Band zwischen Pilgern und Suizidwilligen. Von einem besonders beliebten Felsen sollen bis vor geraumer Zeit jedes Jahr 40 Menschen gesprungen sein. Da gehe ich jetzt hin.

Kilometer 573 / 12. April / Nachmittag

kap ashizuri. Vorsichtig nähere ich mich einem der berüchtigten schroffen Felsen mit Blick auf Horizont und darüber hinaus: Japans Golden Gate Bridge. Menschen belagern den Gipfel, lehnen sich über eine hohe Brüstung – stehen sie Schlange? Da stemmt sich jemand auf der Plattform tatsächlich auf seine Zehenspitzen – eine jener fröhlichen kompakten Damen, die alle aus dem gleichen Grund hier oben sind: um einen Wal zu erspähen.

Ein Rentner-Ehepaar in Sonntagshabit bittet mich, sie zu fotografieren: ein läppisches Doppelporträt mit Meer und Leuchtturm im Hintergrund. Auch meiner Kamera halten sie bereitwillig stand. Und endlich passiert es, dass Scham und Traurigkeit in mich ein- und durch mich durchsickern. Die Nachwirkung vom Telefonat. Das war überfällig.

Kilometer 586 / 12. April / Abend

henro junkie. Mir kommt die derbe Männerrunde gelegen, die in einem preiswerten Biwak-Lager der Nacht entgegenlacht. Den Mittelpunkt besetzt ein langer knorriger Kerl, der als Harpunier an Bord einer Walfänger-Dschunke anheuern könnte. Der ledernackige Kopftuchträger und auch die anderen Gäste, zwei leutselige Jungmänner, sparen sich das Geld für Hotels.

Der Betreiber des grob gezimmerten Unterstands hat einen Zuber ins Freie gestellt. Das Wasser kocht schon. Ach, Mannsein! Piraten, unempfindlich gegen körperliche Strapazen, gleichmütig gegen die Moskitoplage unter den am Wellblechdach verdrahteten Neonröhren, krachlederne Gemüter, das ist Burschenschaft, die Wimmern überwinden hilft. Gelächter übertönt die Waschmaschine. Abgebrüht – zumindest, was die Haut betrifft – geselle ich mich zum Trio.

Henro boke – wo, wenn nicht hier, gäbe es Antworten? Gibt es auch. Viele. Viele japanische. Ein Redefluss strömt, begleitet von Gebärden und gekrausten Stirnen. Dem Harpunier hört man gern zu: Er setzt ein mit hohem Summton und rutscht im Satzverlauf mit Schwung die Tonleiter hinab. Er scheint dabei auf etwas Bedeutsames zu stoßen, denn immer wieder zollt ein Anderer Respekt, einer, dessen Brille und beständiges Nicken den verständigen Intellektuellen verraten, würde nicht jedes Nicken begleitet von einem seltsamen Beilaut, einem kehlig-röchelnden Luftstoß, vielleicht am ehesten als »chrrooh« schreibbar, ein Anerkennen, dessen Übertreibung das Anerkennen fast schon parodiert.

Der Brillenträger wiederum hebt die Hände, klappt sie tatzenhaft nach vorn wie in einer exaltierten Kung-Fu-Technik und ruft gespenstisch »Uh!«, doch bevor ich errate, was er meint, fährt der Harpunier schon fort und hämmert sich gegen die Schläfe: »Junkie! *Henro boke* is henro junkie.« Röchelnd nickt der Mann mit Brille. Wie viele denn wohl süchtig seien, frage ich. »Ten percent.« Er auch? »Yes«, grinst der Harpunier, »yes«, strahlt der stille Zweite mit gezücktem Daumen, »a little bit«, lächelt nett der Brillenträger.

Fraglich, ob das der Weisheit letzter Schluss ist. Doch dieses *henro boke* bewährt sich zusehends als geheimnisvolle Leerstelle, die aufregend zu beobachtende Bewegungen in Gang setzt: Denken, Stammeln, Stutzen, Abschweifen, Einkreisen und Röcheln.

(PS 2011: In Deutschland erfahre ich die weiteren Details des Gesprächs, bei dem der Harpunier Wortführer blieb: *Henro boke* habe verschiedene Bedeutungen, auch unter Japanern. Nur in Japan existiere dieser Begriff und vielleicht auch das, was er bezeichne: es sei eben ein typisch japanisches Phänomen. Zum Beweis zog er einen – nicht ganz schlüssig: holländischen – Mönch heran, der schon sieben Mal (die Kamera notiert respektvolles Röcheln) nach Shikoku gereist sei, um den Pilgerweg zu gehen. Manche Pilger liefen immerzu im Kreise herum und könnten einfach nicht aufhören damit (nachdenkliches Röcheln). Der Harpunier selbst sei soeben auf seiner 15. Tour. Ebenfalls erst daheim werde ich den wunderlichen Auftritt des röchelnden Mannes verstehen: *Henro boke*, das sei die Krankheit von dem Land des Todes. Man sei besessen von Geistern, die auf dieser Insel spuken.)

Kilometer 586 / 13. April / Morgen obi pinku. Gestern geschah noch etwas, das ich nicht verstand und auch jetzt nicht verstehe, nachdem sich heute Morgen der Betreiber des Biwak-Lagers grußlos entfernte. Wer hatte da wem was zu verstehen gegeben?

Ich bräuchte nicht im Biwak zu schlafen, bot er gestern Nacht an. Für kleines Geld, tausend Yen (7 Euro), könne ich in der geschlossenen Gartenlaube schlafen. Das klang gut, die Moskitos schwirrten. Mein Wirt hing etwas schwer in seinem Körper, etwas schief und machte einen leicht vernachlässigten Eindruck, tischte aber eine selbst bereitete, schmackhafte Suppe auf. Bier gefällig? Da sagt man nicht nein, sagte ich. Er hätte es zwar nicht im Hause, doch am Kiosk gäbe es genug, und er führe mich gern hin, und so fuhren wir los.

Wir fuhren immer weiter, wohl zehn Kilometer weit. Streng hielt er mich davon ab, zwei Sixpacks für die Mannschaft einzukaufen. Nein, japanische Pilger tränken nicht. Er selbst auch nicht. Ich kaufte eine Dose Bier. Auf der Rückfahrt lief im Kassettenrekorder melodramatische Musik aus Bambusflöte, Zither und Laute. Nach zwanzig Fahrtkilometern war das blöde Trauerspiel noch immer nicht zuende. Wir stiegen aus. Ich möge das Getränk bitte nicht in Gegenwart der anderen Pilger trinken, sondern separat in der Laube. Damit war er weg. In der Hütte lag eine cremefarbene Yukata mit rosa Gürtelband, ein *obi pinku*. Ich goss das Bier in die Spüle.

Auf dem Futon erinnerte ich mich an einen Augenblick beim Suppelöffeln, als der Wirt mich fragte, ob ich Single sei. Vielleicht lag ich mit meiner Interpretation völlig daneben. Wie gesagt, entfernte er sich heute Morgen ohne *sayōnara*.

Ich träume so viel. Ich träumte davon, mir würde der Rucksack gestohlen – mitsamt den MiniDV-Kassetten. Drei Wochen lang schleppe ich sie schon mit mir herum. Durch Morgennebel, Mittagssonne, Nachmittagsregen und Nächte im Freien, durch Steinschlag, Ungeziefer, Stürze. Trotz wasserdichter Beutel liegen sie immer im Geschüttel.

Ich bewahre sie, die mich in ihrem Inneren bewahren.

Kilometer 628 / 13. April / Abend

oyasumi-nasai. Hinter dem Schild »Ashizuri Sunny Road« liegt eine schwarze Wolkenwand. Ich notiere nüchtern, dass dieser 13. April ein Freitag ist.

Ein ungewöhnliches kosmisches Phänomen als bedrohlich und unheilbringend anzusehen, ist absurd. (...) Es hängt nur von der eigenen Sicht auf die Dinge ab, wie sie sich entwickeln. (Hagakure – Der Weg des Samurai)

Neue *o-settai* stapeln sich im Rucksack. Sechs Orangen. Ich opfere die immer matschigeren Klöße am nächsten Schrein. Die Gottheit trägt ein Lätzchen aus Frottee. Der Schriftzug ist englisch: »It's very delicious«.

Ich folge der Schleife von Tempel 38 zurück in Richtung Tempel 37, um rechtzeitig die Gabelung zu Tempel 39 zu erwischen. Dass ich sie verpasse, ist selbstverständlich.

Einsame Gegend.

Kein Pilger, nirgends. Wenige Häuser, lange Sandwege. Ein wütender Hund gehorcht erst im Sprung dem Befehl seines Herrn und reißt das klaffende Maul herum. Andere Köter geifern hinter Zäunen und werfen sich frontal gegen den Maschendraht, sobald ich auf gleicher Höhe bin. Dann hören selbst Hunde auf. Scharen von Eidechsen. Schreie in Wipfeln. Ein Affenschädel mitten auf der Straße. Eine braune Schlange liegt unordentlich aufgerollt am Straßenrand. Sie regt sich nicht. Ich habe gelesen, im April würden Schlangen aus dem Winterschlaf erwachen. Diese hier hoffentlich nicht. Der Kopf scheint flacher zu sein als normal. Filmaufnahme? Lieber nicht darauf ankommen lassen. Zügig vorbei.

Sie war bestimmt tot. Ich Angsthase! Bei der nächsten Steigung liegt die nächste Schlange auf dem Weg. Diese Chance will ich nutzen. Als ich die Kamera aus dem Beutel nestle, kommt ein Kleintransporter entgegen und überfährt das kostbare Motiv. Es – schlängelt sich quicklebendig in den Straßengraben! Verwirrt verstaue ich mein Zeug. Die Welt verändert sich. Die nächste Schlange, die ich sehe, ist ein verwinkelter Ast.

Sollte ich da ein Warnschild nicht gelesen haben? Eines jener Schilder mit drolligen Kulleraugen-Polizisten oder demütig verbeugten Autoritäten?

15 Kilometer ohne Getränkeautomat, die Zunge wird klumpig. Auf solchen Wegabschnitten entstehen Romane, habe ich naiv gedacht. Wenigstens Kapitel oder Absätze. Irgendwann klammere ich mich an Halbsätze, schließlich Wörter, um sie bis zur nächsten Schreibpause vor dem Vergessen zu retten. Der Ertrag ist spärlich. Die Gedanken laufen nicht mit. Sie kreuzen meinen Weg, bleiben stehen, lassen sich zurückfallen und verstecken sich, doch sie führen mich nirgendwo hin. Außer zu mir selbst. Immer wieder hinein in das schwarze unersättliche Loch des Egozentrismus.

Galoppierende Spiritualität ist ein Strudel. Sie saugt Realität ein. Zufällige Phänomene schüttle ich so lange, bis sie Sinngebilde ergeben. Einsamkeit macht hellhörig. Regen, Sturm, ein Klappern im Nichts, ein Vogelruf, ein Affenschädel – meint das mich? Es muss irgendwie Sinn ergeben, dieses endlose Latschen. Jede Blase, jeder Stich, jede Prellung und Dehnung, jeder Fehltritt und jedes Scheitern erhalten in der Darbietung einer höheren Lektion ihre Rechtfertigung und Salbung. Und an jeder Gabelung brennt ein Dornbusch. Das Ignorieren kostet Mühe. Die Be-Sinnung läuft auf Hochtouren.

Daher wohl auch die Inflation der Danksagungen in Pilgertagebüchern: für Sonnenstrahl am Wolkentag, für eine Wolke in der Sonnenglut. Der Dank ist Empfangsbestätigung persönlicher Zuwendung und Auserwählung. Von dieser Eitelkeit bin ich zurzeit verschont, denn ich bin nicht dankbar. Ich habe Durst.

Aber hier, so verstand ich den Harpunier, würde ich die nächste prima Übernachtungsstelle finden, eine schlichte, aber kostenlose Hütte, direkt am Wasser gelegen. Es hat zu regnen begonnen.

Und da ist sie tatsächlich: eine Ausfahrt, die zu einem Firmengelände führt. Kurz vor der Durchfahrt zum Parkplatz befinden sich ein Getränkeautomat (danke!) und eine Art hölzerner Pilz: eine Plattform mit Mittelsäule und sechseckigem Dach, mit Blick auf einen Staudamm und ohrenbetäubenden Wasserfall. Regenböen verengen die Trockenfläche. Bloß weg hier. Das Telefon hat keinen Empfang. Es ist zu spät. Ich sitze fest. Mit *oyasumi-nasai* wünscht man sich in Japan gute Nacht.

Kilometer 637 / 14. April / Vormittag

ohayō gozaimasu. Ist das fies! Nachts sprüht der Wind den Regen von allen Seiten unter das Dach. Der Schlafsack wird immer nasser. Unter einer Bank verkrümelt, sehe ich Rinnsale auf mich zukriechen und erinnere mich an das Bedürfnis der Schlangen nach Wärme. Sekunden später liege ich auf den hammerharten Sitzplanken. Zur Wärmedämmung rolle ich mich ein. Und staune, wie schnell Hüftknochen summen. Zurück in die stabile Rückenlage, die Füße aufgestellt. So spanne ich das feuchte Futteral wie eine Zeltbahn. Die Aufgabe: möglichst nicht öfter als einmal pro halbe Stunde auf

112

die Uhr sehen. Beim Denken Zeitbegriffe vermeiden, Wörter wie »gleich«, »nachher«, möglichst auch Zahlen. Dies ist wohl die Krönung des Disziplin-*dōjō*. Wie wäre es denn heute mit einer Erkenntnis, zum Beispiel zu der Frage, wie dekadent man sein muss, um es nötig zu haben, sich den Luxus massiver Unbequemlichkeiten zu gönnen, die niemandem auf der ganzen Welt etwas nützen?

Wie ein glücklicher Irrer laufe ich bei Sonnenaufgang um den Stamm herum, angetrieben von Kälte und einer an Hysterie grenzenden Freude darüber, diesen Bockmist überstanden zu haben. Knurrender Appetit auf einen »dicken Knust mit Butter«. Schon der Klang der Wörter lässt Speichel fließen. Schnell die Kameratasche genäht, die schon wieder in den Fäden hängt, und auf zu Tempel 39!

Im Gegenlicht der Morgensonne entdecke ich nach langer Zeit das erste menschliche Wesen, eine Reisbäuerin im Feld: ein im Matsch tunkender Kubus in geblümtem Kittel. Sie misst mit einem Stock das Wasser, klopft Stöckchen ein, bedient sich aus einem Korb voller Setzlinge. »Ohayō gozaimasu.« – »Guten Morgen.« Gern würde ich später erzählen, ich wüsste nicht, wie lange ich bei dem Mütterchen zugebracht habe, während ich ihr »zur Hand gegangen« sei. Ich wüsste gar nicht, wie ich es anstellen soll. In Wirklichkeit sind es ziemlich genau drei Minuten möglichst taktvoller Untätigkeit. Nach der Hälfte mischt sich in erste Behaglichkeit des Beiseins die Kühle volkskundlicher Studie. Die Bäuerin zeigt mir freundlich die Richtung zum Tempel. Nach wenigen Schritten übermalt mein Gedächtnis die Dunkelfläche ihres Gesichts, das im Schatten eines breitkrempigen Strohhuts lag: ein gemütlich geschrumpelter Apfel.

Auch Pilger lassen sich wieder blicken: ein scheuer junger Mann an der Seite einer scheuen jungen Frau in akkuratem Dress mit weißem Schleier und Handrückenschonung. Beide habe ich schon einige Tage zuvor gesehen, allerdings vereinzelt und viele Kilometer voneinander entfernt. Jetzt schlendert das Paar wie frisch verlobt. »*Henro boke*«, sirrt glasfasern die weiße Dame, »is health keeping.«

An Tempel 39 schürzt eine zahnlose Greisin den Hals einer Schildkröten-Plastik mit neu gestricktem Latz. Verwandte und Unbekannte fotografieren mit sichtlicher Rührung. Im Jahr 911 soll eine rote Schildkröte an Land gestiegen und auf ihrem Rücken eine Glocke zu diesem Tempel getragen haben. Die Geschichte steht im Wallfahrtsführer von Bischof Miyata, der zum Kapitelschluss die Leser auffordert, sich zu prüfen, ob sie die Mission religiöser Disziplin erfüllt haben. Er zückt eine verblüffend makabre Ereigniskarte: »Wenn nicht, gehe zurück zum Kap Muroto!«

Erleuchtung

Kilometer 662 / 14. April / Abend / Tag 23
resutoran. Vor Tempel 39 wartet eine Karosse mit
Chauffeur. Dezente Türöffnung. Die Gäste, Inder, sind
prächtig gewandet. Keine Klamotte von der Stange aus
Tempel 1, sondern maßgeschneiderte Luxusstoffe in
Pilgerkostümausführung. Als wären es Betrüger (oder
zumindest Prominente), sammle ich, gegen die Mauer
gepresst, mit der Kamera Beweismaterial.

Erste Erleuchtung: Tsuguo Nishida, der eine Pilgergrup-
pe leitet, erklärt mir im milden Abendlicht von Tempel
40, *boke* sei »kind of fool, something like that«. Pilger
würden *boke*, weil das Leben beim Wandern so lang-
weilig sei. Auf der Liste mit *henro-boke*-Bedeutungen
steht unter »senil«, »selbstversunken«, »der Sucht ver-
fallen« und »gesundheitserhaltend« jetzt auch »dümm-
lich«, »simpel« und »einfältig«.
    Zweite Erleuchtung: Die schönste Gicht der Welt
steckt in den Gliedern der Bambusbäume, wenn der
Wind mit den Fingern knackt.

Dritte Erleuchtung: der Weg des Besens. Eine betagte Putzkolonne fegt gemächlich entlang einer Tempelmauer Laub, während Wind die Blätter hinter ihrem Rücken sofort wieder zusammenträgt. Nach Kehrtwende das gleiche Bild. Shikoku ist eine Akademie der Zen-Kunst: Wege des Pinsels, des Tees, des Bogens, des Baseballs, der Reissaat.

Viertens: Ich stinke.

Trotz Wind stinke ich bestialischer als unter Pilgern üblich. Die Haut ist inzwischen so atmungsaktiv wie ein Gummistiefel. Seit dem Bad im offenen Kessel vor zwei Tagen sickern aus meinen Poren Schweiß und Öle und bilden auf der Haut eine würzige Marinade.

Dem Bad entstiegen, wieder Mensch! Nun unter Menschen! Gleich um die Ecke befindet sich ein Restaurant (*resutoran*). Die Speisen kleben als originalgetreue Imitate in Vitrinen. Leider kein Knust mit Butter, auch keine Pizza, aber viele Varianten von Reis mit Frittiertem. Die Kellnerin platziert mich an einem Einzeltisch, umstanden von Paravents. Von allen Seiten fließen Lautfäden herüber. In Gedanken verknüpfe ich sie zum fliegenden Teppich.

Kilometer 687 / 15. April / Mittag
makku donarudo. Das Schönste an dieser Reise ist der Zauber der blauen Stunde am Morgen. Wenn die Welt die Luft anhält. Feinste Umrisse beginnen die blassen, blau abgestuften Berge vom Himmel zu trennen. Noch haftet alles aneinander. Ich schaue dem Morgen beim Aufwachen zu. Wie ein heimlicher Geliebter, der das Streicheln erster Strahlen spürt. Jedenfalls fühle ich mich gestört, wenn andere dazukommen und sich einmischen.

Ein letztes Zwinkern der Morgensonne, wenn in der Tiefe der gegleißten Straßenflucht eine Joggerin auftaucht und einen Wimpernschlag später vom grellen Weiß verschluckt wird.

Ich träumte heute Nacht unkeusch von einer Pastorentochter aus Studientagen.

An der rechten Ferse schmerzen drei Blasen. Darüber ist die Rippenprellung vergessen. Ich will mich mit Anfechtungen abfinden. Auch mit den menschlichen Busladungen, die regelmäßig den Tempelbüros den Charme vorweihnachtlicher Postfilialen geben und mich blockieren. Wie weiße Nebelwände erheben sich Reisegruppen aus dem Nichts, sobald ich meinen Eintrag ins Stempelbuch abholen – nun ja: kaufen – will.

Es ist nicht lange her, dass ich mal wieder inmitten einer Traube stand und mein Tagespensum gefährdet sah. Während ich das Sutra sang, sicherte ich mir unauffällig die Poleposition und flitzte beim letzten Ton zum Tempelbüro. Dort warteten bereits Busbedienstete mit Schlips, Schlipsnadel und Sporttaschen voller Stempelbücher und Rollbilder, die sie auf den Tresen wuchteten. Fachmännisch nahmen sie die Föne von der Wand, hielten sie mit steil gewinkeltem Arm vor den Mund, als wollten sie Mündungsqualm pusten, entschlossen, mit geduldigster Sorgfalt die frische Tusche zu trocknen. Milde lächelte der Mönch in Erwartung einträglicher Fließbandarbeit. Eine Busbesatzung mit 40 Insassen à 300 Yen: schnell verdiente 85 Euro. Ein Routinier erledigt das blind. Entdeckte ich oben rechts im Bürowinkel wirklich einen laufenden Fernseher? Schnell zückte ich meine Kamera, schneller zog der Kalligraf seine Fernbedienung. Mit einem Blick geballter Unschuld streckte er mich nieder.

Diese Busse! Mich wurmt das, aber es wurmt mich erst recht, *dass* mich das wurmt. Wurmen kostet zu viel Energie. Zur Abwehr gedanklichen Störfeuers zelebriere ich im Wald Stumpfsinn und leiere »Das Wandern ist des Müllers Lust«.

Ein zartes Klingeln unterbricht. Das Glöckchen gehört Kihachi. Er ist glücklich über ein wenig Geselligkeit, aber unverblümt unglücklich über 125 Kilogramm Körpermasse und daraus resultierende Knieprobleme. Der proppere Kihachi ist mitteilsam. Er habe, sagt er, bei einer Firma als Kurier gearbeitet, die mit diesem Pilgerweg seit dem 19. Jahrhundert auf wunderbare Weise verbunden sei. Damals habe die Mutter des Barons Iwasaki im Tempel 27 für den Erfolg ihres Sohnes gebetet, worauf die Firma zum Imperium aufgestiegen sei und zum Dank das Patronat über den Tempel übernommen habe. Pilgern und Unternehmertum seien oft verwoben. In Tempel 63 zum Beispiel stünde eine Schutzgottheit für Geschäftsleute, insbesondere verehrt von Restaurantbesitzern. Als Mitsubishi-Angestellter habe er, Kihachi, natürlich sehr oft unter Zeitdruck gearbeitet und in den Pausen bei *makku donarudo* schnell einen *bigu makku* oder *mega makku* verspeist. Ungesund! Künftig wolle er sich der Sorge älterer Menschen widmen. Um einen Schlussstrich zu ziehen – auch in Hinblick auf *makku donarudo* –, gehe er den ganzen Weg zu Fuß. Und ganz in der Nähe gäbe es ein traditionelles Gasthaus, unglaublich alt, einhundertdrei Jahre alt, mit sehr empfehlenswerter Küche. Mittags sind wir schon da.

Kilometer 687 / 15. April / Abend

aisukurimu. Wir spannen am Dorfteich aus. Fische schrauben sich aus dem Wasser und zappeln durch die

Luft. Kihachi füttert mich mit Fakten. 120 000 Pilger würden jährlich diese Wallfahrt unternehmen. Ich staune: Das sind so viele wie auf dem Jakobsweg. Allerdings seien, sagt Kihachi, von hundert Pilgern neunzig mit dem Bus unterwegs, sechs mit dem Auto und drei zu Fuß, genauer gesagt: 2,5 Prozent, nämlich 3 000 Pilger pro Jahr. Tempel 1 führe entsprechende Listen – ob ich mich nicht eingetragen habe? Nein? Das wäre für die Statistik schade, denn es seien ja so wenige Ausländer hier, die gälte es doch zu erfassen. Aber man könne das auch telefonisch melden, er, Kihachi, könne eine offizielle Stelle ausfindig machen, das sei kein Problem. Wie nett, sage ich und übe mich in Intuition, indem ich mit der Kamera blindlings auf eine Stelle des Wassers ziele und hoffe, dass in diesem engen Bildfenster ein Fisch aus dem Wasser springt.

In Japan, fährt Kihachi fort, seien ja nun die Arbeitsbedingungen hart und die Urlaubszeit kurz. Wer im Berufsleben stehe, finde kaum Zeit zu pilgern, und im Rentenalter schwinden die Kräfte. Eine Wallfahrt im Bus benötige nur ein Viertel der Zeit. In elf Tagen sei alles geschafft. Damit spare man sich eine Menge Übernachtungen und die Hälfte der Kosten. Busse seien klimatisiert, gesund, sauber. Wäre er, Kihachi, nicht so furchtbar dick, würde er selbst den Bus nehmen. Er habe aber ein wenig gespart und könne sich daher den Fußweg leisten. (Die verschlungene Logik dieses Weges – wer verliefe sich da nicht?) Ein Fisch springt in den Kescher des Bildfensters. Wir müssen aufbrechen: Abendessen.

Als Kihachi Eiscreme (*aisukurimu*) ordert, hat er mich bereits überzeugt. Bisher hatte ich das Buspilgertum damit entschuldigt, auf diese Weise würden wenigstens die

Fußwege nicht so verstopft wie die Promenade der letzten hundert Kilometer vor Santiago (zumindest Anfang Juli). Jetzt lerne ich: Ein *basu henro*, ein Bus-Pilger, ist keineswegs ein kostümierter Tourist. Er bekommt den gleichen Segen wie wir. Die Tempel rechnen auf ihn. Pilger sind auf die Segen der Tempel nicht weniger angewiesen als die Tempel auf Pilgermassen. In einem Land ohne Kirchensteuer sind sie eine wichtige Einnahmequelle. Deshalb sind die Parkplätze geräumig und so viele Wege asphaltiert.

Bei der zweiten Portion Eis dämmert mir, dass die Busreisenden die besseren Pilger sind. Fußpilger! Sie durchmessen die heiligen Stätten wie Bahnhöfe, rattern die Sutra wispernd herunter, werfen flüchtige Seitenblicke auf Gottheiten und Kunstschätze und stieben davon. Buspilger wissen die Aura der Einkehr zu würdigen. Sie gehen mit der Zeit. Ein Fußpilger ist ein Relikt. Völlig unangebracht finde ich, je mehr sich mein Magen füllt, die Eitelkeit des mittelalterlichen Flagellanten, der die Schändung des eigenen Körpers für eine edlere Währung hält als gut verdientes Geld. Außerdem zahle ich als Fußpilger, wie gesagt, bedeutend mehr.

›Abfahrtzeiten auskundschaften‹, notiere ich, nun schon auf ein rasselndes Reiskopfkissen gebettet, etwas ungut aufstoßend von den gärenden Widersprüchen, die überall lauern.

Kilometer 723 / 16. April / Abend

henro boke. Heute ist der 25. Tag meiner Reise. Am 25. Tag seiner Wallfahrt überkam Nobuo Harada jener Zustand, den er »*henro boke*« nannte. Er erwähnte ihn in seinem 1999 erschienenen Bericht, den Ian Reader für sein Buch *Making Pilgrimages* hinzuzog. Reader übersetzte *henro boke* als »pilgrimage senility«, aber auch als

»pilgrimage immersion« und »blankness of mind«. Diese pilgrische Versenkung entstehe durch die eintönige Abfolge aus Gehen, Essen, Schlafen, Aufstehen und Gehen. Irgendwann sei ein Pilger vollkommen eingesogen im Pilgerdasein: »a state of becoming wholly absorbed in the process of walking the pilgrimage«. Diesem Lockruf bin ich ja eigentlich gefolgt.

Ich verstehe, dass Rituale und formaler Vollzug eine innere Leere bewirken (aber ist Form laut *hannya shingyō* nicht selbst Leere?). Man gewöhnt sich an einen Tunnelblick, der von der Außenwelt abschneidet. Und doch klingt es für meinen Geschmack ein wenig tautologisch: dass ein Pilger beim Pilgern immer pilgrischer werde. Wie sieht es in der Tiefe der pilgrischen Versenkung aus? Dunkel, schattig oder klar?

Morgens: Befriedigung nach vorsorglichem Stuhlgang. Abwurf überschüssigen Gewichts. Pilgern entschlackt und entleert. Aufbruch in betont federndem Gang. Leider im Regen.

Den Vormittag verplempere ich in Pfützen, um das Wetter filmisch einzufangen. Der Rucksack bleibt dabei auf den Schultern, auf Schuhspitzen oder zwischen die Knie geklemmt, damit der Unterboden mit den Kassetten nicht nass wird. Kihachi zieht unterdessen weiter. Ihn plagen Fuß und Knie, ihn drängen Termine, denn er hat alle Pensionen im Voraus reserviert. Meine Art zu laufen ist einem Zweiten schwer zumutbar: lokomotivisches Gehen, unterbrochen von unvermittelten (und kaum vermittelbaren) Pausen für Aufnahmen.

Bedachtsam wischen Frauen die Holzvertäfelung am Tempel. Auf Brücken wehen Karpfen aus bemaltem Nylon: flatternde Kinderliebe. Der nächste Tempel scheint es mit den Fischern zu haben. Zementierte Gartenzwerge angeln in Formation, ihre Ruten in hohem Bogen geschwungen, an den Haken die aufgerissenen Mäuler der Beute.

Henro boke? Doch, eine seltsame Benommenheit ist unabweisbar. Sie lässt mich nachts nicht schlafen. Das könnte an der Wiedersehensfreude über Kihachi liegen, der zufällig dieselbe Pension wählte und mich bei meiner Ankunft mit freudig erhobenen Stäbchen an seinen Tisch winkte. Oder am beißenden Geruch in meinem Zimmer – als sei es mit Reinigungsbenzin gewischt oder beim Heizofen-Nachfüllen unter Kerosin gesetzt worden.

Kilometer 764 / 17. April / Abend

dochira. Meine Lunge fühlt sich immer noch an wie geschrubbt. Als wandelnder Benzinkanister keuche ich bergauf. Schon eine ganze Weile. Die Sonne sinkt. Nach der nächsten Kurve müsste ein Wegweiser kommen, ein Holzschild, ein Steinmal, irgendein Ding mit einer Nummer oder einer ausgestreckten Hand darauf, meinetwegen auch mit einer Swastika. Ich kann Zahlen lesen. Ich habe gelernt, *dochira* heiße »wohin«, *o-tera* heiße »Tempel«, aber hier ist niemand, den ich danach fragen könnte.

Irgendwo in diesen Bergen aber versteckt sich der Tempel *Shusseki-ji*. Da muss ich hin. Er gehört nicht zu den 88 (*fudasho* genannten) Tempeln des *hachijūhakkasho*, sondern zu einem davon unabhängigen Bündnis, den *bekkaku*-Tempeln. Der Routenverlauf dieser insgesamt 20 Tempel schnörkelt sich wie ein ausgebeulter Extrastrang um das Seil des *hachijūhakkasho*. Von den 88 *fudasho* unterscheidet die *bekkaku* im Wesentlichen nur die Club-Zugehörigkeit. Sie sind weniger populär. Manche Pilger nutzen Besuche dieser Zweitligisten als Surplus und rechnen sich einen Bonussegen aus: 88 plus 20 ergibt 108, die Zahl der Leidenschaften, die man im Besuch sämtlicher Tempel abstreift. Diesen Ehrgeiz zügeln die meisten Pilger, wenn sie merken, dass sie dafür beschwerliche Umleitungen von zweistelligen Bergkilometern auf sich nehmen müssen.

Mir fehlt immer noch *fudasho* 7, bei den *bekkaku* war ich erst recht nicht pingelig. Ich hätte Gründe genug, mich auf die Pflichtroute zu konzentrieren. Aber schon wieder bin ich weit weg davon, weit weg von allem. Wieso treibe ich mich auf diesem abgelegenen Berg herum?

Weil ich floh.

Es wurde mir unangenehm, wie der beflissene Pragmatiker Kihachi die Regie übernahm, Telefonate führte, Fakten und Zahlen herbeischaffte. Plötzlich ging alles Richtung Reportage. Ich wollte ihn abschütteln. Zielstrebig steuerte ich Tunnel an, denn Kihachi mied Tunnel. Tunnel sind laut, eng und finster. Manchmal sind sie so lang, dass man viele hundert Schritte keinen Ausgang sieht. Güterverkehr ist rege, oft sind die Fußwege kaum schulterbreit, zusätzlich verengt durch die Wölbung der Wand. In solchen Tunneln wird man, wenn man will, zu Don Quijote, der gegen gleißäugige Monster reitet, gegen Fauchen und Kreischen. Das Gebrüll wirkt wie erbrochen. Sirenen wie Peitschenhiebe. Nach wenigen Minuten im Dunkeln vergesse ich die Tageszeit und stelle mir vor, in diesem Schacht zu straucheln und zu krepieren, auf ewig unauffindbar. Immer diese Adoleszenzschübe! Durch einen Tunnel ins gleißende Licht zu treten, ist auch für Lebende ganz schön. Den kleinen

Lichtpunkt zum Halbkreis wachsen zu sehen, birgt immer wieder ein ungläubiges Erwachen.

Auch heute Nachmittag. Am Ausgang wartete Kihachi und telefonierte. Mir ist schleierhaft, wie er das schaffte, mit seinem maladen Knie auf dem Umweg flinker zu sein als ich auf der Abkürzung. Er strahlte: In Tempel 1 befände sich ein Abt, mit dem er einen Telefontermin arrangieren könne. Ich säuselte Dank, bedachte sein Knie und verkündete unbezwingbare Lust auf den *bekkaku*-Tempel in den Bergen.

Das sei gefährlich, warnte Kihachi, das Ziel liege 800 Meter hoch und recht versteckt. Er telefonierte und schüttelte den Kopf: Der Tempel sei schlecht ausgeschildert, der Wegebau mangelhaft, zwanzig Kilometer weit weg, das habe ihm der Priester bestätigt. Verstockt gab ich den tollkühnen Abenteurer.

Es sei schon Nachmittag, es werde bald dunkel, beschwor mich Kihachi, und ich dankte und dankte, stiefelte mit munter gespreizten Ellenbogen fort wie das tapfere Schneiderlein, und dann wurde es dunkel.

Der Tempel könnte sich jetzt blicken lassen … Hinter der nächsten Kurve vielleicht. Umkehren gildet nicht. Natürlich nicht. Mann oder Maus? … Die Kurve ist geschafft … kein Pfeil … da hinten kommt die nächste … eine Gabelung … links sieht der Weg etwas breiter aus … kein Lebenszeichen seit dem Dorf mit den ungläubig grüßenden Menschen … die nächste Gabelung … rechts wirkt es freundlicher … die nächste Kurve … wieder kein Wegweiser … nichts wie zurück, im Wettrennen gegen die Nacht im Berg – lieber Maus als toter Mann.

Im Laufschritt eile ich hinab ins Tal durch das Dorf in die Stadt, begleitet vom Scheppern des Stativs. Nobuo

Morikawa treibt telefonisch eine Pension auf: »Nach Ortseingang an der dritten Ampel rechts.« Kihachi klingelt durch: Ich sei nicht im Tempel? Er habe mich aber bereits dort angemeldet, man würde mich erwarten. Telefonat mit dem Tempel. Ein Gast namens Bob (nicht zu fassen: der erste nicht-japanische Pilger, den ich spreche) wird ans Telefon geholt. Bob sagt, er habe den Tempel erst im dritten Anlauf gefunden. Jeder verlaufe sich dabei, sogar Japaner. Deshalb ginge kaum jemand mehr dorthin, weswegen der Abt den Tempel auch gar nicht mehr beschildern lasse. Nur um diesen unauffindbaren Tempel zu finden, sei Bob dieses Jahr nach Japan geflogen.

Trotz Frischluft klebt der Benzingestank immer noch in jeder Faser. Die Wäschetrommel verschluckt den Gürtel meiner zerschlissenen Baumwollhose für die Abend- und Nachtstunden. Die Entscheidung des Tages: Das scheppernde Einbeinstativ bleibt liegen. Irgendein Stock wird sich schon auftreiben lassen. Die Waden krampfen. Beine einreiben.

Kilometer 782 / 18. April / Mittag

kongō-tsue. Durch die Nacht zog sich ein animalisches Schlürfen. Es kam aus dem Bad, wo ich kurz zuvor eine kapitale Kakerlake und eine dickköpfige Spinne zertreten hatte. Ich verkniff mir weiteres Austreten. Die Flucht vor dem Zufluchtsort macht diesen Berg, den ich gestern Abend floh, heute Morgen behaglich.

Der Weg durch das Tal und den einsamen Berg hinauf wirkt verändert. Das Wetter ist trüber. Es hat sich eingeregnet. Der Morgendunst verdunstet nicht. Sporadische Rufe lassen auf Anwesenheit von Vögeln schließen. Dennoch fühlt es sich wärmer an als gestern. Nichts zieht so kalt in die Knochen wie Ortlosigkeit. Jetzt, mit Aussicht auf Ankunft, ist meine innere Temperatur gestiegen. Heute wirkt das Dorf wie »ins Tal geschmiegt«.

Trotz Murrens über den Regen gehe ich innerlich vergnügt über die Spiegelfläche der Straße. Ich niese aus Leibeskraft, freue mich an meinem Schirm und meiner dreilagigen Jacke. Genüsslich registriere ich Schrott in den Abhängen und am Straßenrand entsorgte Rostlauben – Indizien gegen vermeintlichen Sauberkeitsfimmel. 18 Kilometer lang habe ich kein Ziel vor Augen als den Riemen, der von der Kuppel meines Regenschirms herabbaumelt. *Immer dem Bändsel hinterher* – nuschle ich mantrisch, folge dem Riemen und Bobs telefonischer Wegbeschreibung. Angespülte und wieder verrinnende Erinnerungen an den steppenden Gene Kelly auf der Bordsteinkante. Alles geht gut, fast zu gut.

Man muss ›die Lektion des Platzregens‹ verstehen. Ein Mann, der unterwegs von plötzlichem Regen überrascht wird, rennt die Straße hinunter, um nicht nass und durchtränkt zu werden. Wenn man es aber einmal als natürlich hinnimmt, im Regen nass zu werden, kann man mit unbewegtem Geist bis auf die Haut durchnässt werden. Diese Lektion gilt für alles. (Hagakure – Der Weg des Samurai)

In dieser, wenn man so will, poetisierten Stimmung lausche ich meinem neuen *kongō-tsue*, dem Pilgerstab: ein Stück Bambus aus dem Gehölz. Endlich Leben in der Hand statt Aluminium! Der Stock ist grün und hohl und tönt schön dunkel. Der Regen schirmt alle übrigen Geräusche ab. Schellack-Knistern als Begleitmusik zum tockenden Stock.

Die Kunst, den Stock aufzusetzen, ist keine leichte Kunst. Ich halte diese Kunst für unterschätzt. Ihn aufzusetzen, darf keine Last sein. Manche Pilger ziehen ihn hinter sich her, manche stampfen damit, schwingen ihn majestätisch oder spielen damit wie ein Dandy. Doch je länger ich dem Weg des Stocks folge, desto mehr gelange ich zu der Gewissheit, dass ich den Stock aufsetzen muss wie den Fuß eines Freundes. Mit ihm zusammen perfektioniere ich die Kunst des angemessenen Auftretens.

Der Stock ist mehr als ein Stock. Nein, nicht Kōbō Daishi, für dessen ›Fuß‹-Waschung Pensionen, die etwas auf sich halten, am Eingang Eimer und Lappen bereitstellen. Der Stock wird zu *meinem* dritten Bein. Mit jedem Schritt wird dieses Bein kürzer, tausendstel Scheibchen eines Millimeters nur, aber das läppert sich nach ein paar hundert Kilometern. So verteile ich meinen Stock, beziehungsweise mich, auf den ganzen Weg – jedenfalls ab heute.

Mir ist nach Schlittschuhtanz zumute, als sich aus dem Nebel Linien lösen: ein Rappe mit gerecktem Schweif, ein schwarzer Löwe mit gebleckten Zähnen, ein Ochse in glänzendem Granit, und ein Stück weiter wartet Kōbō Daishi. Sie bilden das Empfangskommando von *bekkaku*-Tempel *Shusseki-ji*. Das Gepäck bewahrt mich vor verzücktem Glückstaumel.

Kilometer 782 / 18. April / Nacht

gomen nasai. Als ich den letzten Absatz schrieb, konnte ich nicht ahnen, wie tief ich an diesem Tag im Bergtempel ins Bodenlose stürzen sollte.

Aber der Reihe nach. Durchnässter Hosenboden und eisiger Nebel vertragen sich nicht besonders. Die Imprägnierung der Schuhe ist ziemlich ausgewaschen. Auch deshalb sträube ich mich, diesen Märchenhort gleich wieder zu verlassen. Der rabiate Regen wimmelt andere Pilger ab. Bob ist offenbar abgereist. Nur einer ist hier, der sich gerade bibbernd mit hochgezogenen Schultern an eine heiße Brühe klammert: der Brillenträger, der vor einigen Tagen im Unterstand anerkennend röchelte und mir mit gespenstischen Gebärden Rätsel aufgab. Nach Schlucken und Schlürfen quält er sich in seinem dünnen Regencape ins Freie, hastet schlotternd durch die Pfützen zwischen Glocke, Rauchkessel und Tempel, entzündet Räucherstäbchen, steckt Papierstreifen in die Kästen, rezitiert, grüßt und zieht seines Weges.

Ich wähne, an einem nebulösen Ort wie diesem wird Großes sich ereignen. Der Bürodienst erklärt mich für verrückt. Ein Zimmer beziehen? Es sei noch nicht mal Mittag! Auf diese Weise käme ich nie zu Tempel 88! Stoisch repetiere ich meine Bitte. Ein jünglingshafter Abt kommt hinzu, überstimmt den Niederrangigen und zeigt mir mein Zimmer, möbliert mit unfassbarer Kälte. Er lässt eine Heizsonde bringen. Am Nachmittag werde seine Mutter einen Tee servieren. Dass sein Tempel für Fußgänger kaum auffindbar ist, bedaure er. Er fahre immer mit dem Auto in die Stadt, nach Ōzu-City zu Frau und Kind. Den Pilgerweg habe er auch einmal unternommen. Mit dem Wagen.

Wie ein Wurm ringle ich mich um die Sonde. Mir ist, als wäre ich in Japans Wurzel hinabgestiegen. Draußen herrscht Nebel, drinnen höchste Klarheit: auf dem Boden Rechtecke, an den Wänden Quadrate. In die Klause dringt wenig mehr als ab und zu ein Glockenton, wenn ein Pilger sich hierher verirrt – also *nicht* verirrt hat. Leise klappern die zugigen Papierschiebetüren. Draußen rauscht es in den Kronen. Nach einer Stunde hat die Heizsonde eine kleine Wärmeblase gebildet, in der ich aufrecht sitzen kann. Ich schreibe, nähe wie gewohnt die marode Kameratasche und binde meine zerschlissene Baumwollhose mit einem Yukata-Gürtel, als es klopft: die Mutter des Abts mit Tee und Muffin. Eilfertig bin ich zur Stelle, und irgendein tückischer Wunderglaube flüstert mir ein, während ich das Tablett mit ehrfurchtsvoller Verbeugung in Empfang nehme, die Hose hielte von allein. Die ehrwürdige Frau entfernt sich ohne erkennbare Regung.

Ich denke viel über die Blamage nach. Im Sprachführer steht das Wort für die Bitte um Entschuldigung: *gomen nasai*. Schritte huschen auf dem Dach von rechts nach links nach rechts.

Kilometer 782 / 19. April / Morgen

goma. Der Abt ist äußerlich ein zarter Intellektueller, 33 Jahre alt. Im Gesicht: weiches Glück. Mit gemessenem Vorsprung eilt er mir voran durch Korridore über eine geschlossene Bogenbrücke. (Weiß er vom Malheur, ist dies die Seufzerbrücke zur Seppuku-Zelle?) Seine geschmeidigen Sohlen mit dem abgeteilten großen Zeh tupfen fast lautlos unter dem Schleifen der Robe über die Dielen. Zwischen uns wehen die matten Kälteschleier des Frühmorgens. Es geht enge Stiegen hinauf. Wird der Vorsprung zu groß, verliert sich seine Gestalt im Lichtstaub.

In den Tüchern der Tempelhalle hängt der ausgekühlte Mief des Räucherwerks. Zur Morgenandacht vollzieht der Abt ein *goma*, ein Feuerritual. Er kniet vor seinem Altar, schlägt Funken, schichtet Hölzer, gießt Öl. Er wirft Samen und Kräuter, Stellvertreter menschlicher

Verblendungen. Er füttert die Flammen mit Gemischen aus Honig, Reis und Getreide. Die Sorten symbolisieren Gier, Hass, Torheit, Überheblichkeit und Zweifel. Weihrauch trägt die Gaben zwölf Göttern zu, namentlich dem fratzenhaft zornigen Fudō Myōō, dem rothäutigen Weisheitsgott mit seinen Raubtierzähnen und Flammen im Rücken. Einem ruhigen Rhythmus folgend, hantiert der Abt mit langstieligen Löffeln und Kellen, murmelt, klappert, schabt, schlägt die Klangschale, schlägt die Trommel, reibt rasselnd seine Holzperlkette. Näselnd singt er das Sutra.

Leichthin ließe sich mysteriöser Zauber beschwören, der die Sinne vernebelt. Doch in Erstaunen setzen mich nicht so sehr die vielen Lampen mit den wunderlichen Schirmen voller Scherenschnitte, die an orientalisches Schattentheater erinnern, auch nicht das bald einsetzende Knistern und die mannshoch schlagenden Flammen. Was mich stutzig macht, ist der Begriff, der sich beim Zuschauen aufdrängt: Werktätigkeit.

Keine Beschwörergeste, auch kein Schielen, Stammeln, Zungenrollen. Die Nüchternheit löst aber keine Enttäuschung über ausbleibende Ergriffenheit und Sensation aus. Im Gegenteil. Die Sachlichkeit erhöht meinen Respekt vor diesem Gottes- und Götterdienst. Das Zeremoniell benötigt offenbar kein Pathos, um sich seiner magischen Bedeutung zu versichern. Es genügt die schlichte Tat. Die speditive Verrichtung wirkt bescheiden und gleichzeitig direkt. Als existiere zwischen irdischer und göttlicher Sphäre eine Verbindung, die sich von selbst versteht.

Zum Durchlüften schiebt der Abt die hölzerne Fensterlade auf. Draußen liegt der Skulpturenpark im Nebel der blauen Stunde.

Da stehen wir, der Abt und sein Tempelvolk, bestehend aus einem bekennenden Nicht-Mitglied jeglicher spiritueller und religiöser Partei. In Pietät vor den heiligen Hallen dämpfen wir die Stimmen. Wir wispern über *goma, mandala* und Kōbō Daishi, der so vieles aus China importierte, auch die Konzepte kosmischen Verständnisses, die sich in Bild und Architektur, Mandala und Stupa – bzw. seiner chinesischen Prägung: der Pagode – manifestieren. Der Abt muss dauernd kichern. Ihn amüsiert das Suchspiel nach Wörtern. Er neigt den Kopf, als würde er abschmecken: »... carried ... not carried ...«. Ausgerechnet das Wort, das die *Übertragung* von Wissen und Schätzen benennt, ist ihm nicht geheuer. Und einen Moment lang bin ich sicher, genau so müsse es aussehen, wenn Worte im Munde zerfallen wie modrige Pilze.

Übersetzungsprobleme kennt die Shingon-Religion nicht nur zwischen verschiedenen Sprachen. Die Sprache selbst steht als Übersetzerin nicht in bestem Ruf. Nach Meinung des Shingon enthält die Welt vieles, das in der Welt der Wörter keine Entsprechung findet. Diese Sprachskepsis (nebst anderen Vorbehalten) verbot dem Shingon lange Zeit – um genau zu sein: elf Jahrhunderte bis nach dem Zweiten Weltkrieg –, seine esoterische Lehre namens *mikkyo* der Schrift zu überantworten. Viele Geheimnisse – neben den Details der Morgensternmeditation – hütet die Schule bis heute. Shingon, dieser ältere buddhistische Bruder des Zen, ist trotz seiner Bemühungen um Allgemeinbildung wählerisch, wem und wie er seine innersten Lehren offenbart. Sie sind in Bibliothek und Vortragssaal traditionell nicht zugänglich. Die Essenz der Lehre ist nach dieser Überzeugung in Schriftstücken schlechter aufgehoben als in Mandalas oder extraordinären Erfahrungen, gemeinsamer Handlungen von Meister und Meisterschüler. Eine bestimmte Ausrichtung des Shingon übernahm aus Hinduismus und Lamaismus den sexuellen Akt als kultische Inspiration und Einweihung in Geheimnisse. Sie werden an diesem Morgen und an diesem Fenster nicht gelüftet.

Zurück in meiner Zelle. Die Beschämung über die gestrige Katastrophe ist gewichen. Zugunsten einer leiseren und tieferen Scham: über das eigene haltlose Schlingern im Angesicht eines in seinem Glauben ruhenden Mannes.

Welche Ironie: Mit dem Feuerritual verflog der dämonische Ruch des Begriffs ›esoterische Shingon-Sekte‹. »Sekte« klingt jetzt nach »Sektion«. Nüchtern liest sich »esoterisch« als »geheimnisvoll«, nicht als »geheimnistuerisch«.

Kilometer 820 / 19. April / Nacht

ode. Dass sich manche Begebenheit gegen ihre Mitteilung sträubt, liegt nicht nur an der Tücke der Worte, sondern auch an der Unglaublichkeit der Wirklichkeit selbst: Heute Nachmittag ritze ich für den Titelvorspann in unbewohnter Berggegend mal wieder eine 88 in eine Mauerflechte, als aus unsichtbarer Quelle der Finalsatz der Neunten Sinfonie über das Tal jubelt. Die Europahymne. Kein Mensch weit und breit, mitten in der japanischen Pampa, kein Landsmann seit Wochen – und plötzlich zu dritt mit Beethoven und Schiller, die triumphal auf weltumspannende Verbrüderung pochen.

Feuertrunkene Freude über die vertonte Ode immunisiert mich gegen den Frust, soeben auf der falschen Bergseite ins Tal hinabzusteigen und mir einen weiteren Umweg von sechs Kilometern einzuhandeln. Was für ein Filmauftakt! Nur leider: zu schön, um wahr zu sein. Es sähe aus wie ein billig montierter Trick. Und erbärmlich klänge die Fußnote, Shikoku habe eben nicht vergessen, dass deutsche Kriegsgefangene im Lager von Bandō, unweit Tempel 1, regelmäßig klassische Konzerte gaben – aus Dank für japanische Gastlichkeit. (Fußnote 2011: Erhalten ist die handgeschriebene Lagerzeitung »Die Baracke«. In der Ausgabe vom 9. Juni 1918 stehen ausführliche Artikel über die kurz zuvor aufgeführte Neunte und die Pilgerfahrt auf Shikoku.)

Kurz hinter einem Tunnel, dessen Raumakustik hervorragend auf meinen Bambusstab abgestimmt ist, liegt im Schein der Abendsonne das heutige Nachtlager: ein Werkzeugschuppen mit schwerem Schiebetor. Drinnen hockt ein in die Jahre gekommener, einheimischer Hillbilly in Jeanshosen und Schirmmütze und hustet Zigaretten. Er singt zwar nicht, wird aber redselig, jedenfalls, nachdem er eingeschlafen ist. Bis dahin erdulden wir nebeneinander stumme Stunden. Faselte ich jemals von der Romantik gemeinsamen Schweigens?

Kilometer 820 / 20. April / Morgen
o-ki o tsukete. Die Nacht im kalten Qualm ist klamm. Mein Schlafgenosse, den nichts als einen Pilger ausweist, indes manches als Vagabunden, muss mindestens dreimal raus. Tor auf, Tor zu. Wir sind früh wach. Er stärkt sich mit Zigarette (wieder splitternder Husten), ich mich mit Cola. Ungewaschen anziehen, packen. Das Morgenritual wird mit gewachsener Fertigkeit zur Zeremonie blinder Griffe, fragloser Packordnung, entschlossen gezogener Reißverschlüsse mit letzter professioneller Endabnahme: Fehlt nichts, alles Nötige griffbereit?

135

Alles stramm, keine Falten, an denen man sich wund und Blasen laufen könnte? Dann nichts wie raus aus der Bretterbude, im Nacken ein freundliches Gib-auf-dich-Acht: »O-ki o tsukete!«

Kilometer 857 / 20. April / Abend
kampai. Felsige Gegend mit prächtiger Voliere – großartig! Zu wenige Aborte – nicht so gut.

Bemerkenswert ist ein Pilger, der mir schon öfters und heute wieder, im Zedernwald des Tempels 44, über den Weg lief. Der groß gewachsene Mann fällt aus dem Rahmen. Er trägt schwarze Zivilklamotten, dazu eine cool getönte Designerbrille und sieht mit seinem vernarbten Gesicht aus, als wäre er ein Heavy-Metal-Bassist, den eine verlorene Wette hierher verschlagen hat. Einen Strohhut trägt er nicht, natürlich nicht. Auf dem Kopf sitzt eine schwarze Laufmütze. An der Krempe hängen Haare herab wie Fransen am Lampenschirm, rundherraus: wie triefende Lakritzstreifen. Heiligem und Erhabenem gegenüber ist er unempfindlich. Er stellt sich dicht neben mich, als ich eine majestätische Statue auf einem Lotusblütensockel bewundere: den Faltenwurf ihrer Gewänder; wie sanft die Schärpe über das Handgelenk fällt; wie selbstvergessen würdevoll sie in der Linken ein schlankes Gefäß schwenkt; wie reizend der Reigen Händchen haltender Babys das Haupt bekränzt – anmutiges Mutterbild … In diesem zerbrechlichen Moment geht der Finsterling auf Tuchfühlung und schnattert wie ein Erpel. Wahrscheinlich hat er einen Witz gerissen. Der Flegel verdirbt mir noch den Respekt für japanische Scheu und Etikette. Englisch spricht er nicht, aber wenn er mich überholt, feixt er gern und knufft mich auch.

Trotz dieser etwas plumpen Vertraulichkeit befindet er es nicht für nötig, sich mit Namen vorzustellen. Er hat etwas Rabenhaftes. Im Hotel, das auf Wellness hält und seine Bäder aus eigener Quelle speist, kommt der schräge Vogel noch mehr in Fahrt. Bereits im Foyer fläzt er sich in einen Massagestuhl und räkelt stöhnend seinen Hintern. Beim Abendessen wechselt er an meinen Tisch, unterlässt aber weiterhin jede Konversation. Also auf Japanisch: Ich weiß, dass Rucksack *rukkusakku* heißt, deutsch *doitsu* und Bier *biiru*. Zur Belohnung kramt er in seinem Wortschatz. Heraus kommt: »Doitsu biiru okay!«

Wir saunieren ausgiebig. Netter Abend. Wenn mir am Ende dieser Reise alle Pilger, mit denen ich anknüpfe, ein *hannya shingyō*-Ständchen brächten, käme inzwischen ein kleiner Kammerchor zusammen. Er wäre nur im Sopran zu dünn besetzt.

Kilometer 889 / 21. April / Abend

119. Zwei Ömchen in offener Küche beschenken Pilger mit Reiskugeln. Die eine schaut konstant konsterniert, die andere grinst und kichert, Pechmarie und Glücksmarie. Zum Abschied lacht die Liebliche: »Danke scheen, hi hi.« Ich flüstere im Gehen: »Ich liebe Sie.«

Ich fühle mich wohl. Drei Schlangen korrigieren das. Manchmal lungern sie auf Treppen herum. Das wirksamste Gegengift, sagt der Shingon-Buddhismus, sei das Mitleid mit dem Feind. Ich halte mich lieber an die Regel beherztens Auftritts.

Für die Spalte »Erleuchtung«: Der Gebirgsbach ist die Bordsteinschwalbe des Naturfotografen.

Ankunft in einem Randbezirk von Shikokus zweitgrößter Stadt, gelegen im Nordwesten der Insel. Matsuyama hat etwa eine halbe Million Einwohner. Einen davon kenne ich: Nobuo Morikawa, mein telefondienstlicher *pilgrimage partner*. Durch unsere Sekundengespräche (»Please make a reservation for me: page 40, map 4 on the bottom, house number 19.« – »Alright, I call you back.«) blieb er beständig an meiner Seite. Vor dreißig Tagen trafen wir uns das erste und einzige Mal: bei Tempel 1.

Meine Bedenken wegen der Schlangen teilt er nicht. Shikoku zähle jährlich nur noch wenige Todesopfer durch Bisse. Schlangen mit Rundkopf seien sowieso harmlos. Schlangen mit Dreieckskopf allerdings nicht. »Wenn sie beißen, wähle sofort 119 und wisse genau, wo du bist. Viel Zeit hast du nicht.« Ein Mann mit Humor – als hätte ich jemals die Namen der Orte und Gegenden benennen, geschweige denn japanisch beschreiben können. Um aus Sicherheitsabstand runde von eckigen Köpfen zu unterscheiden, bräuchte ich die Brille, die ich aus Gewichtsgründen zu Hause liegen ließ. Zur Stärkung der Sehkraft hätte ich in Tempel 33, wie ich jetzt erfahre, gezielte Gebete verrichten können. Darauf ist er spezialisiert. Übrigens auch Tempel 7.

Kilometer 902 / 22. April / Mittag
senmai-dōshi. Ich will endlich die Angebote wahrnehmen, die auf dem Weg liegen. Viel zu lange stand ich schnöde beiseite. Unberührt ließ ich in Tempel 2 die dicke Zeder, die alte *chōmei-sugi*, deren Umarmung hohes Alter verheißt. Hätte ich in Tempel 3 in das Wasserbecken geschaut und mein Spiegelbild auf der Oberfläche entdeckt, wäre mir eine Lebenserwartung von 92 Jahren gewiss. Ein Talisman aus Tempel 15 hätte meiner

Toilette dauerhaft Sauberkeit garantiert. Und Tempel 22 verkauft ein Wunderwasser, das für seine Heilkräfte berühmt ist. Köstlichkeiten des Aberglaubens: zu schrullig, um sie zu verteufeln, und zu verlockend, um sie zu ignorieren. Als feiere die heilige Insel bunte Kirmes, schlägt jeder Tempel seine Placebo-Bude auf und lockt seine Kundschaft mit spirituellen Spezereien. Das dürfen Pilger wohl auch von einem Ort erwarten, an dem Religion lebendiger ist als anderswo.

Sich Schabernack in die Arme zu werfen, ist nicht nur das Ergebnis mühsam erarbeiteter Einfalt, sondern auch eine Geste der Mildtätigkeit. Shikoku lebt von Heilmitteln. Heiligkeit gehört hier zum Selbstverständnis, auch aus touristischen und ökonomischen Gründen. Sie zählt zu den wichtigsten Wirtschaftsgütern. Das Geschäft mit der Pilgerei blüht. Es ist ein gutes und sauberes Geschäft. Kunden verkaufen hier nicht ihre Seele (was sind dagegen Hab und Gut?), sie regredieren nur ein wenig, putzen am Pensionseingang ihr Stöckchen, kaufen Krimskrams, umarmen Bäume, essen Papiere oder werfen Wunschzettel ein. Pilgern ist auch Spielerei, und im Spiel, schrieb der Oden-Dichter, komme der Mensch zu sich. Dazu muss er natürlich mitspielen.

Ich bin nicht sicher, was schlimmer ist: gegen Religionen zu wettern oder für sie zu werben. Beides langweilt. Wenn es ohnehin in der Natur der Religionen liegt, auf diffizile Fragen simple Antworten zu geben, sind mir harmlose Quacksalber lieber als geharnischte Dogmatiker. (Vielleicht mag ich an Religionen am wenigsten die Übersetzungsprogramme, die das unermesslich Unvorstellbare in die Kammer menschlichen Vorstellungsvermögens pressen wollen, was den Programmierern nicht vorzuwerfen ist, da die Idee des unermesslich Unvorstellbaren in menschlichen Kammern ausgebrütet wurde. Trotzdem schlimm, diese Kolonialisierung des Jenseits.)

Meine Füße könnten ein kleines Wunder vertragen. In letzter Zeit rächen sich abends die Strecken jenseits der Kilometermarke 30. Diese oft nur drei oder vier Kilometer lagern sich in den Sehnen und Knöcheln hartnäckiger ab als der ganze übrige Tag.

Deshalb streife ich heute am frühen Morgen über das noch verschlafene Gelände von Tempel 46. Dort warte, heißt es, ein steinerner Fuß, der alle Füße heile, die sich barfuß darauflegen. Stracks finde ich einen Sockel mit erhabenem Heiligen, die Füße im Lotussitz aufgestellt. Unter Verrenkungen bugsiere ich meinen Kummerfuß hinauf. Pilger mit Gebrechen würden diese Gymnastik gar nicht erst schaffen. Und wenn doch, dürfte der Heilfuß inzwischen so verkeimt sein wie die verflixten Hauslatschen.

Als ich Nobuo Morikawa von meiner Turnstunde erzähle, lächelt er nachsichtig: Da hätte ich wohl den falschen Fuß erwischt. Für das Wunder seien zwei riesenhafte, in den Boden gravierte Fußabdrücke zuständig. Da stelle man sich einfach nur drauf.

Tempel 48 warnt, wer schlechten Herzens sei, fahre direkt zur Hölle, sobald er das Tor durchschreitet – auch sehr putzig. Mit kindischem Vergnügen verzehre ich bei nächster Gelegenheit fingerlange, bedruckte Papierblättchen, *senmai-dōshi*. Pflichteifriger als jeder Apotheker erklärt der Tempelpriester Dosierung und Einnahme: fünf Mal das Mantra *Namu Amida Butsu Hōnin* beten, ein Papier eintunken, auf die Zunge legen, mit Wasser trinken, insgesamt sieben Durchgänge. So habe Kōbō Daishi Krüppel wieder zum Laufen gebracht.

Kilometer 902 / 22. April / Nachmittag
kamikaze. Bei unserer nächsten Verabredung sitzen
Nobuo Morikawa und ich vor Tempel 51, jenem Tempel,
der mit Emon Saburō zu tun hat, dem geizigen Wüte-
rich. In einer Glasvitrine thront jener Stein, der in der
Hand des sterbenden Büßers verschwand und später –
ganz wie Kōbō Daishi prophezeite – wieder zum Vor-
schein kam: Er purzelte aus der Faust eines Knaben, der
sie seit seiner Geburt drei Jahre lang krampfhaft verschlossen gehalten hatte. In den Stein war eine Inschrift
eingraviert: »Emon Saburō wiedergeboren«. Ein jeder
bestaunte und bestaunt das Wunder, ich auch: Das Ding
ist größer als ein Taubenei. Saburōs Reinkarnation muss
mit Pranken auf die Welt gekommen sein.

An diesem mythischen Ort versetzt mir Nobuo Morikawa den nächsten Schreck, als ich ihn bitte, die Rückseite des *osame-fuda*-Brokatstreifens zu übersetzen, den
ich seit Tempel 15 als Lesezeichen benutze. Der Aufdruck
besagt, was ich schon damals befürchtet hatte: Sein
Besitzer umkreist zum 385. Mal die Insel. Das wären
500 000 Kilometer. Wäre er nach den ersten 100 000 Kilometern aus dem Kreislauf ausgebrochen und geradewegs
in die Luft spaziert, hätte er inzwischen den Mond erreicht und wäre wieder auf dem Rückweg. Alter: 82 Jahre.
Motiv: Beten für den Seelenfrieden der gefallenen Ka-
meraden des Weltkriegs, die Soldaten der Marine, der
Armee und der Kamikaze-Kommandos. Mühsam – der
Kopf will schon nicht mehr so ganz – errechnen wir den
Durchschnitt: Der Rekordpilger unternahm mehr als
sechs Touren Jahr für Jahr, zweiundsechzig Jahre lang.

Kilometer 904 / 22. April / Nacht
onsen. Der Nachmittag in Matsuyama setzt eine Zäsur.
Ich bringe die ersten zwanzig Videokassetten auf den

Schiffsweg nach Europa. Als ich das Paket aus der Hand gebe, fällt der ganze erste Monat von mir ab – und zwar nicht nur als Schulterlast, sondern gewissermaßen auch als Stütze.

In der Jugendherberge habe ich das erste Mal wieder Internetzugriff: 380 E-Mails warten im Posteingang. Ein Berg zum Schaufeln. Zum Glück sind es nicht 385.

Ich schrubbe mich, was das Zeug hält, im Dōgo-Onsen. Es ist eine der ältesten und berühmtesten Badeanlagen Japans über einer heißen Quelle (*onsen*). Erleichtert, gereinigt, erfrischt geht es also morgen in den 400 Kilometer langen Schlussspurt. Und doch bleibt von diesem Tag das Gefühl zurück, ein Knick ginge durch die Reise und durch mich, nachdem der Verlauf unterbrochen ist.

Kilometer 919 / 23. April / Vormittag

konfuze. Meer. Horizont. Weite. Fehlt nur noch der Eine. Mir persönlich gab sich der Mögliche noch nicht zu erkennen, ohne dass ich mich der Möglichkeit verschließen will. Ich komme mir vor, als würde ich darauf warten, vom Lehrer aufgerufen zu werden.

Tagebuchnotiz: ›Überall besteht die Welt aus den gleichen Bestandteilen. Sie sind nur überall auf verschiedene Weise zusammengesetzt.‹ Überflogen, durchgestrichen. Randbemerkung: ›Gott gesucht, Atom gefunden.‹ Kurzer Wärmeschub, ausgehend vom Gefühl der Gemeinsamkeiten von buddhistischer Lehre und physikalischer Forschung. Unmittelbar danach Abkühlung.

Daruntergekritzelt: ›Das Buch Koru-san: Und siehe, Gott erschien und löste sich in Luft auf.‹ Striche, sehr kräftige Striche.

Ziemlich armselig, sich an die Küste zu stellen und auf Eingebungen zu warten.

*Selbst Konfuzius sagte: ›Wenn ein Mann vierzig wird,
sollte er nicht mehr schwanken.‹ Mit vierzig haben sowohl Weise wie auch Einfältige Einsicht ins Leben er-
langt. (Hagakure – Der Weg des Samurai)*

Die Mutter Gottes erschien und löste sich in Luft auf:
In einer versteckten Ecke des Tempels 53 befindet sich
ein Stein mit einem eingelassenen Marien-Relief, ein er-
greifend kümmerliches, von der Witterung fast gänzlich
eingeweichtes und zerkautes Zeugnis christlichen Glau-
bens.

Kilometer 925 / 23. April / Mittag

mandala. Mir gehen die Erinnerungen an gewisse Len-
dengrübchen nicht aus dem Sinn. So ein Mist! Ich würde in Gedanken lieber hier sein, exakt hier, wo ich jetzt
bin, auf einem leicht verwehten Fußweg zwischen Straße
und flachen Dünen, in diesem Moment, um zwölfuhr-
vierundzwanzig. Dauernd drifte ich ab. Wind kommt
auf. Ich greife nach schönen Dingen, um mich festzu-
halten.

Aufgewühltes Wasser. In den Sand gewürfelte Ge-
räteschuppen. Wellbleche klappern auf Hüttendächern,
alles quietscht und ruckelt in den Angeln. Drei blaue
Fischkörbe schaukeln an einer Leine. Zur Musik aus
Wind tanzt das kubische Synchronballett Cancan,
kommt aus dem Takt, nimmt wieder gemeinsam
Schwung, jetzt mit elegischer Eleganz. Am Himmel wa-
bert ein Vogelschwarm wie eine am Ring gewedelte Sei-
fenblase.

Gleichzeitig ist mir die Schönheit, in der ich mich
gern verlöre, suspekt. Ich wünschte, sie wäre einfach da
und kein Produkt meines hemdsärmeligen Wunsches
nach Beseelung.

Manche halten ganz Shikoku für ein Mandala, ein religiöses Versenkungsbild, ein Symbol kosmischer Ordnung. Berg-Asketen, die sich *yamabushi* nennen, wandern in den heiligen Bergen von Gipfel zu Gipfel. Dort vollführen sie Übungen und geheime Rituale. Ihre Wege zeichnen Muster von Mandalas nach. Sie bilden es gewissermaßen selbst. Wer wäre nicht gern Teil eines kosmischen Symbols?

Kilometer 929 / 23. April / Nachmittag

mu. Von einer Klippe blicke ich hinunter auf Meer und Strand. Ein großer unsichtbarer Pinsel scheint mit breitem Strich immerfort von links nach rechts zu streichen, immer wieder. Mit jeder Bewegung changieren die Blautöne zwischen bleiernem Grau und sattem Türkis. Mit jeder Bewegung entsteht im Blau eine neue weiße Linie, die, nach rechts geschoben und das Beige berührend, ausdünnt und verschwindet. Der Strand ist leer. Nur ein rotes Knäuel ist zu sehen, eine Kleinfamilie in verwobener Bewegung, versunken in Betrachtung, vielleicht über eine Muschel, einen Stein, ein Krebsbein. Vielleicht freuen sich die Eltern am Anblick des malenden Kindes und wissen nicht, dass sie zusammen ein Zeichen bilden und Teil eines größeren Zeichens sind, eines Bewegungsbildes in permanenter Übermalung durch einen nach rechts fahrenden Pinsel, einen Zeitpinsel, der Zeichen schafft und Zeichen verwischt, bis die Menschen und ihre Spuren aus dem Bild verschwinden. Immer dasselbe. Nichts, das sich ereignet als eine komplexe und zugleich bis zur Unsichtbarkeit minimalisierte Kalligrafie.

Ich denke wieder an Ozu. Der Meister des strengen Filmstils ließ auf seinem Grabstein statt seines Namens das Kanji-Zeichen *mu* / »Nichts« meißeln. Das sagt nicht unbedingt etwas über mangelndes Selbstwertgefühl aus. Künstler und Werk begegnen sich in höchstem Minimalismus. Ihr künstlerischer Endpunkt wäre das leere Blatt, über das sich Schöpfer und Publikum in gegenseitigem Einverständnis des Dargestellten beugen.

Hier oben auf dem Felsen ließe sich eine kleine Geheimniskrämerei eröffnen.

Kilometer 936 / 23. April / Abend
fujikawa. Der Fahrtwind eines rapiden Pilgers reißt mich am Nachmittag mit. Zeitiges Eintreffen am bezeichneten Ort. Die Pension wird geführt von Mutter und Tochter. Letztere wirkt leidend-kränklich. Sofort bejammert mich ihr Los: ein Aschenputtel, das sich zum Wohl der Witwe aufzehrt, in selbstloser Aufopferung dazu verdammt, lebenslang ledig zu bleiben. Das ändert sich, als sie ächzend die Stiege hinauftrampelt, um mir unter mürrischem Geplapper mein Zimmer zu zeigen. Auf meinen zagen Hinweis, ich verstünde nicht, verdreht sie die Augen und wiederholt ihre Tirade, diesmal nur schneller und lauter. Mit einem Mal sehe ich in ihr ein entstelltes und garstiges Weib. (Ich wüsste eine passende Partie für sie, wohnhaft bei Tempel 1.)

Ich vergewissere mich im Speiseraum genau, dass sie es registriert, als mich am Tresen ein Pilger namens Fujikawa anspricht, ein kultiviertes Kapitänsgesicht (eher Luxusliner als Walfänger). Die Bräune des rüstigen Rentners ist hellgrau eingefasst von dichtem Haar und dünnem Bart. Bestens steht ihm der souveräne Charme eines weltgewandten Globetrotters. Mit einem Gewährsmann wie Herrn Fujikawa bin ich im Handumdrehen zum Logenmitglied arriviert. Rachelüstern gebe ich mich aufgeräumt und redselig, während der zänkische Zyklop am Herd Püffe gegen seine gebeutelte Mutter austeilt.

Kilometer 962 / 24. April / Abend

firumu. Herr Fujikawa instruiert mich hinter vorgehaltener Hand, die Präfektur Ehime, in der wir uns zurzeit befänden, genieße nicht den besten Leumund, was Gastlichkeit betrifft. Er honoriert mit gesenktem Blick, als die Wirtin (die Mutter) ein Frühstück mit Miso-Suppe, Seetang, Spiegelei und Reis spendiert. Beim Aufbruch greift Herr Fujikawa zu zwei Stäben. Mein Ozeanriesenkapitän schrumpft zu einem Nordic Walker. Der zweite Stab, erzählt jedoch Herr Fujikawa, symbolisiere seine Frau. Und sogleich bin ich es, der den Blick senkt und sich auf die Lippe beißt, denn das Andenken an Verstorbene ist eines der beliebtesten Motive für die Wallfahrt. Viele Kilometer lang betrachte ich Herrn Fujikawa mit jener zaghaften Milde, die man einem frischen Witwer schuldig ist, bis er sich nach geeigneten Wanderstiefeln für den Jakobsweg erkundigt. Den wolle er in diesem Sommer mit seiner Frau antreten, die im Moment leider verhindert sei.

Neben Herrn Fujikawa läuft es sich langsam und beständig. Rückwärtig nähert sich ein Grunzen. Der schräge Vogel im schwarzen Rabenkleid gibt sich die Ehre, feixt und verfällt in alberne Gangarten, die erst an Charles Chaplin, dann an Monty Python erinnern. Er imitiert keinen von beiden, gibt er zu verstehen, sondern mich. Damit entfernt er sich.

An der Seite von Herrn Fujikawa hört das Verlaufen auf: Tempelvisite 54, 55. Statt vor den einhaltgebietenden Wächterstatuen zu zaudern, überschreite ich die

Schwelle inzwischen wie ein Inspizient, um nach dem Rechten zu sehen.

Ein auffälliger Gaukler treibt auf dem Tempelgelände sein Unwesen, man meidet ihn. Er ködert mich in einen Winkel des Torbogens und fotografiert mich mit seiner Einwegkamera. Innerlich winke ich ab: Das kenne ich schon. Doch plötzlich drückt mir der Verrückte den Apparat in die Hand und flüstert irgendetwas mit »firumu«, »Film«. Und dann auf Englisch: »Geschenk … auf Bilder achten: unscharfe Teile wichtig … neben dem Fokus … verschwommen … *boke*.« Schwingt sich auf sein Fahrrad und ist verschwunden. Um den *firumu* entwickeln zu lassen, werde ich das Ende der Reise abwarten müssen.

Herr Fujikawa sammelt mich ein. Tempel 56, 57. Neben dem Parkplatz eines Einkaufscenters nehmen wir einen Imbiss:

»Fujikawa-san, what ist *henro boke*?«

»*Boke … boke …* I don't know … must go to hospital …« Hat nicht früher eine scheue Dame von »health keeping« gesprochen? Nein, Herr Fujikawa sei sehr sicher: Die Bedeutung gehe in Richtung »senil«, eigentlich sogar »dement«. (Also doch »senil«. Warum bin ich jemals aufgebrochen? Reader hatte Recht!) Er, Herr Fujikawa, habe allerdings jemanden gesprochen, der den Weg mehrmals gegangen und gesund geblieben sei: »Heart is very light, he said … good condition … no pain … very relaxed, he said.«

Ich hätte gern ein Mittel gegen die Schmerzen am linken Spann. Kein Problem, tröstet Herr Fujikawa, der Tempel 58, in dem man übernachten könne, verfüge über eine reiche Auswahl an Amuletten und Stickern, sogar

einen Kōbō-Daishi-»Blitz«. Das Sortiment an Wunder-
mitteln sei dort größer als in der Vatikanstadt.

Kilometer 962 / 25. April / Morgen

unesco. Mit gewisser Andacht betrachte ich im Trep-
penhaus des Tempels 58 den Leib der Ehefrau des Abts.
Ihre Gestalt ist geschmeidig, sorgsam modelliert und
gut gegossen. Die Statue ist offenkundig ein Werk ab-
göttischer Liebe. Das Original war weniger ergötzlich,
als es gestern Abend im funktional eingerichteten Spei-
sesaal die Vorzüge des Tempels sowie diese Vorzüge er-
läuternde Bücher und CDs anpries. Eine Krämerseele.
Mein Interesse für die pharmazeutische Abteilung er-
losch. Während mir Herr Fujikawa das Nötigste übersetzte, nickte ich schläfrig, erschlafft vom hartnäckigen
Ziehen am linken Fuß, bis mich ein Wort aufzucken ließ:
»Weltkulturerbe«. Der Tempel hege Pläne, der UNESCO
den *Shikoku hachijūhakkasho junrei* für die Liste des
Welterbes vorzuschlagen. *So weit kommt's noch* – weiter
reichten meine müden Gedanken nicht.

Jedenfalls verbringe ich jetzt viel – unleugbar viel – Zeit
vor der Statue. Vielleicht, um mich abzuregen. Ich bin
durchnässt. Heute Morgen um viertel nach fünf wollte
ich den nebligen Tempelmorgen filmen, solange die
Welt noch dünnwandig war und zerstäubt. Alles schlief,
fast alles. Eine Bedienstete hielt Wacht. Auf klappernden Stegsandalen schlüpfte sie hinterdrein, sah mich die
Kamera positionieren und knipste fürsorglich am matt
verschleierten Tempel eine Neonröhre an. Damit gleißte
die Tempeltür, und die Umgebung versackte im Dunkel.
Die Lichtspenderin huschte fort, der Schalter war nicht
aufzutreiben. Das Bild schrieb ich ab, packte zusammen
und verwünschte die ungebetene Fee. Doch es ist nicht

Abbitte, die mich so lange vor der schönen Halbgöttin auf dem Treppenabsatz verharren lässt.

Kilometer 991 / 25. April / Abend

Ietsu go. Eine Frau tritt an meine Seite: Yuki. Die in breitem Lachen und Becken ruhende Frau ist allein zu Fuß unterwegs. Bei der Morgenandacht, einer heiter gehaltenen Veranstaltung mit musikalischem Trommelfeuer, wippt Yuki unruhig. Nach Predigt und Segnung streift sie ihre weißen Handschuhe über: »Let'su go!« Vielen Großstadt-Japanern, verrät sie, würden bei langem Knien die Füße einschlafen. Sie käme aus Tokyo. Bester Laune spazieren wir über ländliche Friedhöfe mit hochglänzenden Steinsäulen. Die Sonne scheint goldgelb durch Yukis Hut. Himmelblau und Waldesgrün. Ich kann nicht widerstehen und krame die Kamera heraus. Yuki: »You question, I ansa.«

»What is *henro boke*?«

»*Henro* what?« Wie reizend: Sie hofft noch, sich verhört zu haben.

»*Henro boke*.«

»*Boke*? *Boke*? What *boke* means?« Erste Zweifel mischen sich hinein.

»That's the question. It's Japanese.«

»Japanese?«

»*Boke* is Japanese.«

Erschrocken: »I say?«

»Ja«, sage ich japanisch: »Hai.«

Wie von einer Schlange gebissen springt Yuki zur Seite: »No hai!« Hat sie »Heil« verstanden? Bloß nicht drüber nachdenken!

Ich: »Someone said: ›It's emptiness of heart.‹«

Wir tasten uns heran und landen beim bereits bekannten »foolish, fool«.

Je länger wir nebeneinandergehen, desto mehr festigt sich der Eindruck, in Yuki eine fidele Frohnatur gefunden zu haben. Ob sie Hobbys habe? »Biiru!« Auf einen Sprung also ins *konbini*, abgeleitet von »convenience store«, Mini-Märkte, die auf Shikoku noch häufiger anzutreffen sind als Tempel. *Konbini* sind bestens sortierte Tankstellen ohne Benzin (oft sogar *mit* Benzin), tägliche Stützpunkte für isotonisches Wasser, Süßigkeiten und in Seetangpapier eingeschlagenen Reis. Sie befriedigen sämtliche Lebensbedürfnisse, bis hin zu Waschräumen, weißen Handschuhen und Bier.

Kilometer 991 / 25. April / Nacht
biiru. Wir wollen Yukis Hobby auf ihrem Zimmer pflegen. Das ist pikant. Wir übertreten die räumliche Geschlechtertrennung, die strikt eingehalten wird, obwohl es in dieser Pension nur ein einziges Bad mit einer einzigen Zinkwanne gibt, deren Aufguss für mehrere Badende reichen muss. (Ich kam direkt nach Yuki dran. Sie war sogar noch drin, zumindest ein paar von ihren langen schwarzen Strähnen.) An der Zimmertür dreht sie sich um: »Police come!«

Nach einer Schrecksekunde dechiffriere ich: »Please, come!«

Eine lustige Stunde später trennen wir uns. Die Schwellung im linken Fußgelenk stört die Nachtruhe.

Kilometer 1 010 / 26. April / Nachmittag
konbini. Das Filmtagebuch verzeichnet heute Morgen eine Laune, die mit Morgenmuffligkeit oder Kater (drei Dosen Bier, mehr waren es ja nicht) nicht hinreichend erklärt ist. Mich besänftigt noch nicht einmal die servile Umschmeichelung durch das *konbini*-Personal, das keinen Kunden begrüßt oder entlässt, ohne sich mit »sumi-

masen« für die hier zugebrachte Zeit zu entschuldigen. Nein, bildzerstörerisch richte ich die Kamera auf LKW-Verkehr und Motorengeräusche, beiße wütend ins kandierte Schokobrötchen und meckere drauflos:

»… Sonst bin ich heute total genervt. Ein Priester will das Ganze zum Weltkulturerbe erklären. Das ist Quatsch, weil das nur für Japaner ist. Heute habe ich mich zwei Stunden lang verlaufen, weil auf der Karte alles nur in Japanisch steht und man, sobald man den roten Faden auf der Karte verlässt, total aufgeschmissen ist. Und immer nur Straße, die ganze Zeit …«

Was für ein kotzbrockiger, peinlich pauschalisierender Generalangriff auf das Gastland! Hatte ich nicht den Abend mit Yuki als so harmloses wie glückliches Ereignis verbucht? Das gibt natürlich zu denken.

Tatsächlich finde ich übrigens die Idee bizarr, auf Siegel und Fördergelder der UNESCO zu spitzen und den Rang eines Weltkulturerbes zu beanspruchen, solange die Wallfahrtsorganisation Bedürfnisse nicht-japanischer Pilger schlichtweg ignoriert. Sie müsste ihnen mehr entgegenkommen. Das Umgekehrte trifft aber ebenso und eigentlich noch mehr zu: Ich plädiere nicht für die internationale Öffnung, sondern dagegen. Ich fürchte um die Fremdheit, das Japanizistische, die Weltabgeschiedenheit, den Schutz des kulturellen Reservats, das unberührt ist vom globalen Zugriff. Aber auch damit heuchle ich. Die Sorge darüber, dass die Öffnung zur Schändung gerät, entlarvt die zweite, weniger schmeichelhafte Ursache meines Geplärres: dass sich das Unbehagen an meiner Sonderstellung inzwischen zu einem Dünkel exklusiver Rarität verkehrt und zu obskuren Wahnvorstellungen von Erstbegehung und ius primae noctis verstiegen hat, völlig erblindet für die wirklichen ausländischen Pioniere, also für den oben erwähnten Oliver Statler vor vierzig Jahren, oder, weitere vierzig Jahre zurück, den deutschen Alfred Bohner, der 1931 seine *Wallfahrt zu Zweien* schrieb, oder Frederick Starr aus Chicago, der die Reise schon 1921 unternahm. Oder für die Hunderte, die nach ihnen kamen.

Schade, sagt Herr Fujikawa, den ich am späten Mittag nach Anstieg auf 800 Meter bei Tempel 60 wiedertreffe: Die Gottheit des Haupttempels sei für Besucher nicht zugänglich. Das letzte Mal wurde sie 1999 ausgestellt, das nächste Mal sei für 2059 geplant. Als Ersatz für das Vergnügen kaufen wir auf dem Parkplatz eine Tüte Plätzchen und suchen eine hübsche Stelle mit Blick auf den höchsten Berg Shikokus, Ichizuchi. Ein *fudasho*-Tempel steht leider nicht auf seiner 2000 Meter hohen Spitze. Sie sei, sagt Herr Fujikawa, im April und Mai aber ohnehin noch nicht begehbar. Verführerisch lockt der Reiz des Unerreichbaren.

Kilometer 1 021 / 26. April / Abend

I. Schnaufend und keuchend erwische ich, wieder mal kurz vor Ladenschluss, Tempel 64. Dort lauert der schräge Vogel. Nach sardonischer Parodie eines inbrünstigen Beters ist er drauf und dran, an der Linse meiner Kamera zu lecken. Im letzten Augenblick ziehe ich sie weg. Diebisch freut er sich an einem Foto, das mich dabei zeigt, ihn zu filmen, wie er mich fotografiert.

Ich stammle: »*Henro boke*?« Der Unhold gackert, kreiselt, tippt auf seinem Handy herum und zeigt mir das Ergebnis: »I« steht da, das englische »Ich«. Das ist vielsagend. Und ein Irrtum. Er hat sich nämlich vertippt. Eingegeben hat er »boku«. Das ergäbe tatsächlich das Personalpronomen, bezogen auf einen Mann, der sich auf sich selbst bezieht. Zweiter Versuch, diesmal richtig: kein Treffer.

Dafür also bin ich über ausgewaschene Stufen geschlittert und den Berg hinabgehetzt. Herr Fujikawa logierte in Tempel 61, der architektonischen Provokation des Weges: ein modernistischer Kasten mit aufgelegter Tischplatte, in dem man eher ein Kongresszentrum oder eine Galerie für zeitgenössische Kunst vermuten würde. Ich erledigte meine Pflichten im Eiltempo, ebenso in den Tempeln 62 und 63. Nachdem in den letzten Tagen der linke Spann überlastet zu sein schien, drückt heute der rechte Fuß, und zwar auf Höhe der obersten Schuhbindung, als hätte ich zu fest geschnürt.

Kilometer 1 057 / 27. April / Abend

henro boku. Heute rammte ich meinen Stock mit dem festen Vorsatz in die Erde, ein Loch in die Insel zu treiben, damit sie voll Wasser laufe und im japanischen Meer versinke. Physikalisch kein lupenreiner Plan, aber wenn ich die suppigen Reisfelder betrachte, könnte es funktioniert haben.

Ich habe mich zu oft verlaufen, zu oft lustig wackelnde Hüte mit tetrapackgroßen Rucksäcken und klappernden Stäben am Horizont verschwinden sehen, während ich mit der Kamera in Warteposition – worauf auch immer – zurückblieb und nach der vierten Gabelung wieder bei der ersten landete.

So blinzelte ich ins lässige Himmelgrau und besann mich auf Kōbō Daishi. Legenden wissen: Indem er seinen Stock in den Boden stieß, ließ er Quellen aus dem Erdreich schießen. Etwas Ähnliches erwartete ich auch jetzt von ihm.

Er beließ es dabei, mir eine Lektion zu erteilen und sandte mir in einem kleinen Dorf am Fuß einer Bergkette ein uraltes Paar entgegen. Dass sie näherkamen, war nicht leicht zu erkennen, so behutsam setzte der gebrechliche Frontmann seine beiden Stöcke auf, denen zunächst seine Beine folgten und dann, mit leichtem Respektabstand, eine winzige Frau in Hut und Jacke aus der üblichen Konfektion für Walküren. Fünfzig Meter und sechs meditative Minuten später krochen sie an mir vorüber und wünschten in Seelenruhe alles Gute.

Kilometer 1 081 / 28. April / Abend

yves la rose. Ich darf den Göttern nicht zu viel Spielraum geben. Irgendetwas passiert ja immer, und schon halte ich das nächste Missgeschick für eine Strafe. Auf einer magischen Insel liegen die Zeichen zu dicht, es gibt kein Entkommen. Jedenfalls habe ich mir die Beulenpest eingebrockt. Der rechte Fuß schillert in der Umgebung des Knöchels: Milchiges Mauve wechselt mit Jadegrün und Perlmutt – das Ergebnis der bislang schönsten Wanderung.

Wieder so eine Flucht. Sie begann heute Mittag, am letzten aller Erleuchtungs-Tempel, Nummer 65. Die Umstände zwangen mich dazu. Alle Pensionen waren überfüllt mit Urlaubern der *Golden Week*, in der sogar Japaner Urlaub nehmen dürfen. Herr Morikawa telefonierte vergeblich. Ein älterer Pilger bot mir an, abends mit ihm ein Zimmer zu teilen. Ergeben hoben sich meine Augen zu diesem Sankt Martin, als ich sein Gesicht zuordnete: der Schnarcher mit dem Monsieur-Hulot-Gang. Vor einem Monat hatte er mir im Schlaf den Schlaf geraubt. Dann ein Schlag auf die Schulter: Yuki! Lachend stand sie hinter mir. Ein ganz toller Ausländer sei hier, schwärmte sie, ich müsse ihn unbedingt treffen. Der Unbekannte wurde mir zugetragen wie ein verschollener Bruder, während ich verblüfft Yuki zusah, wie sie vom Tisch eine Reiskelle stahl und mit sinnigem Lächeln davonschlich.

Dieser Ausländer, ein Kanadier aus Québec, war klein und drahtig von Statur. Er trug über einer langen Schlafanzughose eine kniehoch abgeschnittene, grotesk weite Geländehose und einen lächerlich großen Strohhut: kein Kegel, sondern gewölbt wie ein Schirm. Mit strahlweißem Lächeln, gewohnt, Kontinente zu bezwingen, stellte er sich als Yves vor: Seit zwei Jahren lebe er in Japan und spreche fließend Japanisch. Dabei klickerte in der Zungenmulde ein gepiercter Metallkügelchen. Keine drei Minuten verstrichen, bis er fragte, woher ich komme, wo ich losgegangen sei, wie viel ich täglich laufe. Tausend Wetten hätte ich geschlossen, meine Nacht mit jedem zu verbringen außer ihm. Doch jetzt, einen halben Tag später, schlummert er keinen Meter entfernt neben mir, schneller angewachsen als eine Flechte.

Kurz: Ich sah den Schnarcher, ich sah Yves, und als der Kanadier von einem reizvollen, wenn auch anspruchsvollen Umweg über die Berge mit Rast bei einem *bekkaku*-Tempel erzählte, platzt es aus mir heraus, da wolle ich immer schon mal hin.

Oh, wie ihn Panik übermannt habe, gestand mir bald der strahlende Träger des heraldischen Namens Yves La Rose Durand. Ja, Panik sei es gewesen, wiederholte er, als wir die Zedernwälder unter uns ließen, über Felsen kletterten und an Seilen über schroffe Grate und lose Brocken balancierten. Denn dauernd, verriet der redefreudige Frohgemut und lässige Freeclimber, als er übermütig eine hakige Felsnase hinab und wieder hinaufkraxelte (für solche Schluchten hätte Caspar David Friedrich die Kreidefelsen links liegen lassen), hätten ihm, Yves, Japanerinnen Heiratsanträge unterbreitet, kaum, dass das erste Date zu nennenswerter Nähe geführt hätte. Irgendwann sei ihm aufgefallen, dass fast alle so alt gewesen waren wie er, 24 Jahre alt. In diesem Alter seien sie *Christmas Pie*. Auf den Weihnachtskuchen würde man sich ja auch wie verrückt freuen, jedenfalls vor dem 24. Dezember. Doch danach trockne er rasend schnell aus, und keiner rühre ihn mehr an. Mit dem 24. Lebensjahr sähen auch Japanerinnen das Frischhaltedatum näherkommen und griffen sich händeringend Gatten – ausgerechnet ihn, den armen Yves.

Der kontaktfreudige Jungspund schafft es tatsächlich irgendwie, für uns ein freies Zimmer zu ergattern. Eine Weile hält uns die Frage wach, ob Japaner den Computer erfunden haben oder Computer die Japaner. Ausländer unter sich.

Er ist bereits halb eingeschlafen, als ich die stibitzte Reiskelle erwähne. Ja, das sei so Brauch in Tempel 65. Jedenfalls für Frauen mit Kinderwunsch. Yuki sei übrigens verlobt.

Bei schlechterem Licht ist mein farbenfroher Fuß angestoßenes Fallobst.

Kilometer 1 092 / 29. April / Nacht

karaoke. Gestern sagte Yves außerdem, wir würden morgen, also heute, »most likely« die Präfektur Kagawa erreichen, den Abschnitt des Nirwana. Dort sei ein Pilger leer und eins mit Allem. Das Wort *boke* kenne er trotz hoher Sprachbegabung nicht, aber er wisse um die zentrale Bedeutung der Leere im Buddhismus. Das Zungenkügelchen glitzerte: Alles sei verbunden; jeder Pilger sei ein Spiegel unserer selbst; wir alle seien Partikel einer Wolke von Möglichkeiten; nichts sei zwischen uns. Jetzt schon, im *dōjō* der Erleuchtung, seien die Schmerzen der Disziplin gewichen (hier spitzte ich die Lippen), alles sei leichter geworden, und bald würden wir noch leichter, nämlich zu Nichts, also Allem, denn Alles sei Nichts – »may be that's *henro boke*, but I'm not too sure …«, lachte er.

Gestern war ich zu müde, das aufzuschreiben. (Seltsame Prioritäten, sehr seltsam, ich weiß.) Ich fragte mich, warum ich immer Antworten von Anderen hinterherhechle, wenn ich auf buddhistische Schlagertexte keine Lust verspüre. Ich nahm mir nie vor, der buddhistischen Neigung zu Paradoxa auf die Schliche zu kommen und beließ es beim stillen »Papperlapapp«, statt einzuwerfen, Sätze, die »Alles« und »Nichts« enthielten, führten zu nichts anderem als zu Allem und Nichts. Ich zuckte mit den Achseln wie über einen Jongleur, der behände weiße und schwarze Kugeln wirft.

Jetzt, im Schlupfwinkel einer Parkbucht, habe ich mehr Muße, aber in den Händen wiege ich meinen Fuß. Mit dem Eintritt ins Nirwana wird es heute nichts.

Ich merkte es schon morgens, als Yves eine weitere Schleife zu einem *bekkaku*-Tempel drehen wollte: Meine Füße trugen mich nicht; ich trug meine Füße. So trennten sich die Wege. Elf Kilometer später, bei einem zum Pilger-Obdach umgebauten Bus, war Schluss. Da bin ich jetzt. 2 000 Yen (14 Euro) kostet er pro Tag, Fernseher inklusive.

Zeit zu grübeln. Innerer Groll mergelt das Gesicht aus. Ich sehe es auf dem Monitor. Das Fleisch weicht zurück. Die Nase behauptet sich wie bei einer Totenmaske.

Dieses ganze Vorgehen ist falsch, die Reihenfolge stimmt nicht. Fußweh und dergleichen sind an dieser

Stelle völlig fehlplatziert. Im Disziplin-Abschnitt ließe sich so eine Phase rechtfertigen, aber nicht hier, an der Schwelle von Erleuchtung zu Nirwana. Selbstmitleid wirft mich noch weiter zurück. Ergo: entschieden heitere Hinnahme des Gegebenen.

Es geht gar nicht anders, als dieses Pilgern von seiner – auch! auch! – komischen Seite zu betrachten. Zum Beispiel die Leimrute der Regeln: Befolgt sie der Pilger, ist alles gut. Befolgt er sie nicht: auch gut. Es gilt das Gebot der Abstinenz (Alkohol, Sex, Rauchen …), obwohl Bier das Leibgetränk bisher fast aller Pilger zu sein scheint und es in *bekkaku* 13 so verknastert roch wie in einem Humidor. Am selben Tempel gab eine Autopilgerin, unterwegs auf ihrer 115. Wallfahrt, Yves und mir eine Mitfahrgelegenheit zu *bekkaku* 14. Wir dürften nicht ablehnen, stupste Yves mich verschmitzt an, schließlich sei es ein *o-settai*. Meinen Fuß hatte er überzeugt, mein Gewissen nicht. Ich war erst beruhigt, nachdem ich errechnet hatte, dass ich zwischen den wirklich wichtigen *fudasho*-Tempeln 65 und 66 immer noch mehr Fußkilometer zurücklegt haben würde als Fußpilger, die auf unsere Umwege über die *bekkaku*-Tempel verzichteten.

Vielleicht erwarte ich zu viel Geradlinigkeit von einem verwinkelten Rundweg. Vielleicht ist es der Pilgerweg, der Recht hat, und nicht ich. Wer sich in der Dialektik des Absurden wirklich einfinde, notiere ich unsicher, bestehe möglicherweise die Herausforderung des *hachijūhakkasho*: Richtlinien zum Kreis zu biegen, Dogmen aufzulösen, eng und dehnbar bis zum Äußersten zu bleiben.

Pilgermission: Im Kreise wandelnd, schaut der Leichenanzugträger dem Tod ins Gesicht und spielt unbekümmert Kinderspiele.

Überraschend trudelt Yves ein. Nach einer Schleife zum *bekkaku*-Tempel kommt er am Bus vorbei und bleibt. Ich unterhalte ihn mit einigen meiner Irrwege. Am meisten amüsiert ihn, dass ich anfänglich Pilgerwegweiser mit Verkehrsschildern verwechselte. Er, der beinahe mein Sohn sein könnte, legt seine Hände auf meine Schultern: »You have to follow these signs, wherever they may lead you.«

Das klingt schon wieder verdächtig nach buddhistischem Sommerschlussverkauf. Aber wie soll man sich gegen Metaphern immunisieren, wenn der eigene Fuß zum Symbol für zu feste Schnürung, Erwartungsdruck und Übereilung anschwillt? Als seien die listig eingebauten Widersprüche des Weges nicht die deutlichsten Hinweisschilder für den Pilger, frei mit Regeln umzugehen. Der faulige Fuß will nicht nur hingenommen und erduldet, sondern ab sofort genossen sein!

Da liegen wir nun im Bus vor dem Fernseher und sehen, weil es passender nicht geht, *Die durch die Hölle gehen*: Christopher Walken setzt soeben zum Sprung an, läuft an, stoppt, läuft zurück, nimmt noch mal Anlauf und hopst unter Riesenhallo über ein Stäbchen – als es an unsere Busscheibe klopft. Jemand gibt ein Zeichen: Wir mögen bitte öffnen.

Ein strahlender Mann in sorgsamer Bürokleidung: blauer Anzug, weißes Hemd, hüpfender Adamsapfel. Wir folgen ihm auf die gegenüberliegende Straßenseite in eine Art Japanese Diner. Die Bar ist ein seltsam schummriger Container mit verspiegelten Scheiben. Unser Gastgeber spendiert Omelett (ein Schmuckstück!) und drängt nachhaltig auf Karaoke. So offenherzig wie möglich applaudieren wir seinem anmutigen Liebeslied. Dann sind wir dran. Wir beharren auf einem Duett und singen *New York, New York* – »if I can make it there, I'll make it anywhere, it's up to you …«

Mein erstes Karaoke. Ich finde mich nicht schlecht. Aber, flüstere ich zu Yves, Frank Sinatra habe sich angehört, als sei die Aufnahme erst nach seinem Tod entstanden. Das sei nicht Sinatra gewesen, korrigiert Yves, sondern er, Yves, und das nächste Mal solle ich bitte mein Mikro anstellen. Der feingezwirnte Mann lässt es sich nicht nehmen, uns Geleit zum Bus zu geben. Yves schließt eindeutig die Tür.

Nirwana

Kilometer 1 124 / 30. April / Abend / Tag 39
unpen-ji. Mit einem Aufatmen, als würden Sommerferien beginnen, erreichen Yves und ich den *Unpen-ji*, den »Tempel der schwebenden Wolken«. Seinen Namen verdankt er knapp tausend Höhenmetern. Nummer 66 ist der höchste aller 88 *fudasho*-Tempel.

Da stehen wir und betrachten uns, respektive unsere Spiegelbilder, respektive Zerrspiegelbilder, Spottbilder, Erlöserbilder. Es sind in Stein gehauene *bosatsu*, jene mitfühlenden Erleuchtungswesen und Helfer der in Leidenschaften verfangenen Erdbewohner. Einer hält im Zorn einen Arm erhoben, ein zweiter hebt blasiert eine Braue, ein dritter einen Becher, fünfhundert Charaktere, eine Großversammlung menschlicher Regungen. Dem Wächter dieses buddhistischen Disney-Parks entgeht nichts. Sein Steingesicht schmücken zwei direkt übereinanderliegende Augenpaare. Zwischen aufwärtsragenden Brauen liegt sauber ausgefräst das hochkant liegende dritte bzw. fünfte. Gleich daneben schläft Buddha, den Kopf gebettet auf ein Kissen aus Lotusblüten.

32 Kilometer, das ist unvorsichtig, doch es geht flott und wie im Flug neben Yves, der mich den Schmerz – diese verengende Körperängstlichkeit, die von der Umwelt absaugt – vergessen lässt. Im Hochgefühl überstandenen Lazaretts laufe ich mit. Yves erklärt uns zur Attraktion. Er habe schon längst von mir gehört, bevor wir uns begegnet seien.

Ein junger, robuster Mann spricht uns an, dessen Eckzähne Mammuts reißen könnten. Er bittet um ein gemeinsames Foto mit Tempelhintergrund und verwickelt Yves in ein Gespräch. Dabei stellt sich heraus: Er ist kein Pilger, zumindest nicht im Augenblick. Yves übersetzt ihn dahingehend, beim Pilgern sei ihm, Ogawa geheißen, das Geld ausgegangen. Statt die Heimreise anzutreten, habe er in einer Kranfabrik um Arbeit nachgesucht, um baldmöglichst die Wallfahrt fortzusetzen. Er habe sich hier in der Nähe günstig eingemietet und lade uns ein, bei ihm zu übernachten. Abgemacht.

Die Einzimmerwohnung befindet sich in einer verwaschenen Mietskaserne mit außen verlaufendem Etagengang, einer gleichsam durchgehenden Balkonzeile, auf der sich Mülleimer, Waschmaschinen und Trockner drängen. Großes Glück habe er gehabt, freut sich unser junger Herbergsvater. Das Appartement habe zwar nur wenig Platz und keine Küche, verfüge aber über Luxus: Im Mietpreis inbegriffen seien – Yves lässt es sich zweimal sagen – die Gardinen.

Der Hausrat beläuft sich auf einen Laptop und eine *Spiderman*-DVD. Mit ungebrochener Zuversicht freut sich Ogawa auf die Fortsetzung der Pilgerreise, auf den morgigen Arbeitstag in der Fabrik und, gerade jetzt, auf ein Abendessen im China-Restaurant. Hingebungsvoll zupft er sich vor einem Taschenspiegel die Augenbrauen. Was *henro boke* sei, könne er sich nicht erklären. Er weiß es vielleicht besser, als er denkt.

Kilometer 1 154 / 1. Mai / Abend

udon. Reiche und arme Tempel. Manche rühren die Werbetrommel, manche halten sich bedeckt, manche residieren auf robusten Felsen mit freiem Blick über weite Ebenen, manche sind versteckt im Dickicht, manche wirken funktional, manche schwelgen in fleischigen Pflanzen und kunstfertig gestalteten Teichen für Koi und Schildkröten. Naturreservat, Basar oder Mysterium, es sind immer wieder aufregende Variationen im Gleichen, Interpretationen des Prototyps. Ärmlichen Exemplaren stattet das kanadisch-deutsche Team Beileidsbesuche ab.

Wir starten durch bis Tempel 75, ein weitläufiges Areal mit fünfstöckiger Pagode, majestätischen Tempelhallen, Schätzen in Kupfer und Gold. Er ist stolz, Geburtsort von Kōbō Daishi zu sein. Einer der *bekkaku-* Tempel (Nummer 18) nimmt das gleiche Recht für sich in Anspruch.

Akut wichtiger für uns: Bei Tempel 75 steht das Gästehaus von Frau Takemoto, die ein Herz für Pilger hat und ihnen kostenlos Übernachtungen gewährt – mit Hinweis darauf, bitte im Anbau zu nächtigen, dem Teil, der bei einem Erdbeben nicht sofort einstürze. Dort liegen drei Schlafsäcke nebeneinander. Gleich sind es fünf.

Einer der Gäste ist der stämmige Nobe. Er ist kaum kürzere Zeit unterwegs als wir, mit dem Unterschied, dabei an Gewicht zugelegt zu haben. Zugegeben, ich reduzierte meine kulinarische Expedition zu häufig auf kurze Abstecher ins *konbini* mit folieverpacktem Sushi und gefüllten Reisklumpen in Algenmantel. Nobe nicht.

Nobe mag, Nobe liebt Udon, die Nudelspezialität der Gegend. Sobald ihn ein Geruch anweht, reckt er wie ein Süchtiger den Hals und ruft: »Udon! Udon!« Mit Nobe durch die Stadt zu bummeln, heißt, Arbeiterkantinen abzuklappern. Schwitzende Matronen ziehen beinlange Schnüre aus dampfenden Holzbottichen.

Nobe hat sich präpariert. Als Vorbereitung auf die Fußreise ist er die Strecke mit dem Rad abgefahren und hat sämtliche Udon-Küchen auf Shikoku ausfindig gemacht. Sie sind seine Tempel. Nobe hat auch einen Trick gefunden, Kosten für Unterkünfte zu senken: Er rollt sich unter die Planen der Gewächshäuser oder quetscht sich in Kabinen, in denen Bauern ihren Reis abfüllen. Der Platz reicht knapp für eine schmale Isomatte. Wenn die Bauern Nobe morgens fortjagen, lacht er sich eins und folgt dem Duft des Udon.

Abends gehen wir – Yves, Nobe, ich – ins öffentliche Bad: ein massives altes Gebäude mit massiven Bänken mit massiven Leisten, an denen, wenn man tölpelhaft genug ist, sich massiv den Zeh stoßen kann. In lächerlichster Gangart, beidseitig nachziehend, humple ich heimwärts.

Bevor ich meinen *shulaafuzakku* zugezogen habe, schnarcht Nobe bereits. Eine weiße Katze wühlt sich zwischen meinen Knien eine Körbchenmulde. O-beinig auf dem Rücken liegend, greife ich zu einem Buch auf dem Fenstersims: *Kūkai – The Universal*, eine Biografie über Kōbō Daishi, genannt mit seinem Mönchsnamen. Die Übersetzerin ist unsere Hausherrin Frau Takemoto.

Kilometer 1 170 / 2. Mai / Abend

kūkai. Gleich wieder einen Urlaubstag zu nehmen, ist wohl etwas keck, doch in den Füßen pocht es noch, es regnet, und außerdem lockt Sehenswürdiges: ein Meisterstück aus dem Ingenieursbüro Kōbō Daishis, nur 16 Kilometer entfernt. Da gehen wir kurz mal hin, jedenfalls Yves und ich. Nobe sagt, er habe in der Stadt zu tun.

So eine Wanderung ohne Gepäck hat das Flair eines Sonntagsausflugs (heute ist Mittwoch). Meinen nachlassenden Pilgereifer kompensiere ich mit vorlauter Begeisterung über die *Kūkai*-Lektüre. Vehement zolle ich dem Schutzpatron Respekt. Auch und gerade im Vergleich zu Apostel Jakob: Dessen Wirken, rede ich auf Yves ein, sei ich eher mit gemischten Gefühlen begegnet. Als Missionar im Iberischen habe er keine Freunde gewonnen, und das Martyrium erforderte ja nur passive Fähigkeiten. Aktiv in Erscheinung getreten sei er erst postum, als Maurentöter mit Schimmel und Schwert. Für die Identifikationsfigur eines Pilgerweges fände ich das problematisch.

»Und ob!«, pflichtet Yves bei und schnuppert in die Luft.

In entschlossener Taubheit für Untertöne fahre ich fort: Da sei Kōbō Daishi doch wesentlich wacher, agiler und vor allem dingfester. Der hinterließ nicht nur ein paar aus dem Hut gezauberte Reliquien, sondern eine abgesicherte Biografie zwischen 774 und 835, eine Karriere als Novize, Mönch, Religionsgründer und Gelehrter mit einer Vielzahl von Hinterlassenschaften.

Yves nickt. Das ließe sich nicht vergleichen. Der Daishi und Jakob – wie lustig! Sie lägen achthundert – er trennt die drei Silben genüsslich – Jahre auseinander. Wie wäre es denn mit einem Astronomie-Wettbewerb zwischen Einstein und … und … »irgendeinem mittelalterlichen Sternen-Fuzzi«?

»Kaiser Karl!«, melde ich angestachelt und fege Restwissen zusammen: Karl, den schon Zeitgenossen »den

Großen« nannten, zumindest europäische Zeitgenossen. Während der berühmteste Mann des Abendlandes Täfelchen unter sein Kopfkissen geschoben habe, um schreiben zu lernen (ohne Erfolg), verfasste sein fernöstlicher Zeitgenosse Japans erstes Wörterbuch, Bühnenstücke und Schriften zu Philosophie, bildender Kunst und Literatur. Kōbō Daishis Bibliografie umfasse über fünfzig Titel. Er habe eine öffentliche Universität gegründet, und viele würden sogar glauben, er habe seinem Land die praktischen Schriftsysteme *kata-gana* und *hira-gana* beschert. Die Freuden des Lesens sollten alle erleben dürfen, auch Frauen.

»A good man!« Yves zieht Luft durch die Nase und schnickt mit seinem Zungenknopf. Ob ich, wenn ich mich konzentriere, die verblüffende Ähnlichkeit bemerke: zwischen dem Duft der Walnussbaumblüte und dem von Sperma. Im Übrigen habe er, Yves, auch von Karl dem Großen gehört. Der sei weniger intellektuell gewesen als der Daishi, habe aber neben einer Gemahlin eine stattliche Zahl an Nebenfrauen und Konkubinen besessen. Er müsse nachdenken, wessen Schicksal er lieber teile.

Das war etwas stark! Nun, der Daishi, karte ich nach, sei ein Verwandlungskünstler, ein umtriebiger Tausendsassa. Kaum sehe man ihn am Pult sitzen, schon streife er über die Insel, spüre Goldminen und Wasseradern auf, heile Menschen, töte Drachen und Schlangen. Gewöhne man sich an den Wunderheiligen und Helden, entdecke man den Holzschnitzer, Maler und einen der berühmtesten Kalligrafen der japanischen Geschichte. Der Künstler wiederum verwandle sich im nächsten Augenblick in den privilegierten Diplomaten im kaiserlichen Dienst. Und aus den Residenzen trete wiederum der Wissenschaftler, um über Medizin, Reisverarbeitung und Färbemittel zu forschen.

»Ja«, sagt Yves, der Daishi habe unter anderem herausgefunden, das beste Pinselhaar stamme nicht von Schaf und Hase, nein, sondern vom Waschbär.

»Jaha«, sage ich, »nein«, sagt Yves und legt einen Zeigefinger auf den Mund. Wir stehen am *bekkaku*-Tempel 17, vor uns sonnt sich eine Bucht, umarmt von einem Staudamm, nachweislich einer Konstruktion von Kōbō Daishi. Da ruht das Bollwerk in der Landschaft und trotzt der Brandung der Legenden, als betreibe es gerade die Morgensternmeditation. Und da steht man dann, düpiert vom banalen Symbolismus der Realität.

Wir kehren um. Leise, siegesgewiss leise: »Heiliger und Universalgenie – dem Mann gebührt nicht nur zeitlich ein Platz zwischen Jesus Christus und Leonardo da Vinci.« »Warum nicht?«, flötet mir Yves in die Parade. Meine Begeisterung sei »lovely indeed«, aber ich möge bedenken, der Kult habe Kōbō Daishi so sehr wachsen lassen, dass andere wichtige Männer immer mehr in seine Schattenzone geraten seien. Sie seien da, aber niemand sehe sie mehr. Sein Nimbus überstrahle alles vor ihm Gewesene und nach ihm Gekommene. Der Daishi sei einfach ein perfektes Markenzeichen. Deshalb würden jetzt immer mehr Tempel behaupten, von Kōbō Daishi persönlich gegründet worden zu sein, obwohl das mehr als fraglich sei. Wenn es nach dem Marketing der Wallfahrt ginge, habe niemand als Kōbō Daishi den Tee nach Japan gebracht, die Shingon-Religion, den Pilgerweg und eigentlich die ganze Insel erfunden. Heilige Stätten habe es auf Shikoku aber schon vor ihm gegeben, und von regulärem Pilgeraufkommen könne man erst viele Jahrhunderte nach ihm sprechen, als es Reisegruppen, feste Routen und Landkarten gab. Nachdrucke könne ich im Pilgermuseum besichtigen, auf dem Weg zwischen Tempel 87 und 88. Kurzum: Der Daishi werde überschätzt.

Wir besuchen ein weiteres touristisches Muss, den Konpira-Schrein, einen der ältesten Shintō-Schreine Japans. Er steht zwar in keiner Beziehung zum Pilgerweg, gibt aber Gelegenheit, 1 368 Stufen zu ersteigen. Massen schieben sich zwischen Flanken aus Nippesbuden hinauf und hinab. Wir observieren die profane Spaßmeile mit der süffisanten Nachsicht päpstlicher Legaten.

Den Abend verbringe ich damit, unser Spazierpalaver in eine lesbare Form zu bringen. Ich spicke dabei im *Kūkai*-Schmöker. Yves schnappt ihn sich und liest, offenbar mit Gewinn: Ob ich gewusst habe, flüstert er leise (als würde Nobe sich stören lassen in vollbrachter Nudelmast), dass der Daishi in späten Jahren unter Nierenproblemen mit Geschwüren und entzündeten Knoten litt? Bei der so genannten Furunkulose überzögen Eiterbeulen den Körper. Wenn der Heilige, wie man sage, immer noch auf Kōya-san meditiere, stehe zu hoffen, sie seien inzwischen abgeheilt.

Kilometer 1 170 / 3. Mai / Morgen

toire. Der rechte Fuß erholt sich nicht (wie auch?). Und überhaupt schwenken die Exkursionen und Exkurse zu sehr ins Touristische. Als Pilger muss man um Höheres besorgt sein. Gerade jetzt, in meinem Alter: Das 42. Jahr im Leben eines Mannes gilt nach japanischer Zeitrechnung als besonders kritisch, auch das 61. (Zufall oder Erfüllung des Plansolls, dass Kōbō Daishi in diesem Alter starb?) Vielleicht habe ich auch nur falsch gegessen. Beschwerden im Darmtrakt, zweckloses Mühen auf der ungeliebten Hocktoilette (*toire*). Zurück bleibt ein

Gefühl von Verstopfung. Die Ungleichmäßigkeit der Verdauung ist wie das ungleichmäßige Pilgern. Ich halte zu sehr fest, ich bin das Verdauungsproblem. – Ich werde mich von Yves entfernen müssen.

Kilometer 1 198 / 3. Mai / Abend
shit. Wege führen durch agrarindustrielle Langeweile, verödet, verdrahtet, verbaut, durchbrochen von Tempeln. In Tempel 76 grüßt militärisch ein in Stein gemeißelter Pilger mit Steinhand an der Steinstirn (ich?). In Tempel 77 lädt mich ein älterer Herr (Kōbō Daishi?) zum Frühstück ein. Ich verweise auf meine Begleitung, der ältere Herr verabschiedet sich. In Tempel 78 bietet mir ein Paar (Kōbō Daishi?) eine Fahrt zu Tempel 79 an. Ich verzichte unter Vorspiegelung der Pilgerethik.

Kagawa, du Präfektur meines Purgatoriums.

Die Euphorie über den Eintritt ins Nirwana bleibt an die akute Befindlichkeit meiner Sehnen gebunden. Yves, der unversehrte Springinsfeld, wickelt mir bei Tempel 79 fachmännisch eine Mullbinde um Knöchel und Fuß, sogar zwei Mal, denn als er fertig ist, fällt mir ein, meine heroische Opferbereitschaft im Filmtagebuch aufzuzeichnen. Yves fügt sich und bandagiert.

Ich: »Very impressive.«
Yves: »What?«
»Me, the pilgrim, who has pain and still continues …«
»What? What's impressive is me doing that shit twice!« Yves schüttelt sich: »You have to clean that.«

Exakt nach Drehbuch lief das nicht. Aber es stimmt: Der rechte Fuß ist matschpflaumig und käsig. Nach 1 200 Kilometern darf er vielleicht so sein, aber nicht, wenn er noch 150 Kilometer vor sich hat.

Dank warmer Druckverbände, die in Reiswaschwasser eingetaucht worden waren, gingen die Schwellungen am folgenden Morgen zurück. (Hagakure – Der Weg des Samurai)

Kilometer 1 234 / 4. Mai / Nacht
samurai. Bei lose gebundenem Schuh geht es einigermaßen. Aber ich hänge an Yves, wider besseres Wissen. An Yves ist nichts auszusetzen, doch ich werde Mitläufer, blind für die eigene Spur. Wir bestätigen uns zu oft darin, was wir sehen und wie wir das zu finden haben. »You have to follow these signs …« – aber im Moment folge ich nur Yves. Die Schwellung wird zum Vorwand, meine Vorsätze zu vernachlässigen.

Eigentlich wäre Yves schon längst auf und davon. In seinen Erzählungen kommen Tagesmärsche von sechzig Kilometern vor. Mein Tempo bremst ihn. In Tempel 81 verliere ich ihn beinah aus den Augen. Ein anderer Pilger fesselt meine Aufmerksamkeit. Er sitzt seitlich der Haupthalle auf dem Boden und singt unablässig aus gequetschter Kehle Sutra. Sein Gesang verflüssigt die Luft. Gäste schwimmen sprachlos herbei und hinfort, der Beter bleibt. Die Sonne wandert, er bleibt. Bleibt und singt, eingewachsen in diesen Ort, dessen heilige Gebäude und Mäler sich irgendwann in seinem Magnetfeld niederließen. Meditieren müsste man können.

Nach Tempel 83 trennen Yves und ich uns tatsächlich, jedenfalls vorübergehend. Dank meines Gammelns finden wir abends keine freie Pension. Außerdem haben wir in Tempel 82 lange warten müssen, denn der Priester unterwies ein junges Paar in Ritualen für künftigen Kindersegen. Und das Gerücht, auf einem nahen Urnenfriedhof befände sich eine leer stehende Hütte für gespensterresistente Pilger, erwies sich als überholt. Yves besorgt telefonisch ein Businesshotel und nimmt den Zug für die 15 Kilometer in die Stadt.

Ich spaziere hinterher, in den Abend und die Nacht. Zu dieser Zeit gibt es keine Pilger auf den Straßen. Sie sind Geschöpfe des Morgens und des Tages. Nach Tempelschluss gehören sie ins Bad und ins Bett.

Erinnerungen an die kribbelnde Freiheit längeren Aufbleibens verwandeln die industrielle Randzone von Takamatsu in urbane Lyrik. Der Motorenlärm stört nicht mehr, er wird Begleitmusik. Flimmernde Lichtsprenkler der Autohäuser. Flatternde Wimpel, drehende Windräder in Pink und Blaumetallic – das Paillettenkleid der Vorstadtnacht. Der Alleingang reanimiert das Gefühl, auf eigenen Füßen zu gehen.

Als ich im Hotel eintreffe, liegt Yves längst zufrieden im Bett.

Kilometer 1 234 / 5. Mai / Nacht

takamatsu. Ogawa, der glückliche Mieter der Wohnung incl. Gardinen, besucht uns zum Frühstück. Er kommt mit dem Fahrrad und nimmt Yves anschließend auf dem Gepäckträger ein Stück mit. Wir sind uns einig. Ich bleibe im Hotel und winke dem strahlenden, wedelnden Kanadier mit den Clownshosen und dem viel zu großen Pilgerhut hinterher. Meinen Ruf hört er schon nicht mehr: »Good man!«

Atemzüge in neuer Einsamkeit. Wie ein zerknitterter Ballon beim Aufpusten.

Ich folge der Empfehlung kundiger Reiseführer in den Ritsurin-Park von Takamatsu und merke, wie unempfindlich ich für seine michelinsterngekrönte Zierde bin, für die geputzte Botanik, die Gärten mit Schraffuren und Spiralen aus gekämmten Steinen und Sand. Feinste Landschaftskosmetik, aber Harken und Bürsten sind grobe Werkzeuge im Vergleich zum Pinsel, der seine Borsten ins Fässchen der Zeit taucht. Am liebsten läge ich wieder auf der Klippe und sähe ihm zu, wie er über Wasser und Strand streicht, aber er fährt auch über die Stadt, rechtzeitig zur Dämmerung. Zu meinem Logenplatz wird der Fenstersims meines Hotelzimmers, und ich schaue auf die Bühne: ein Großmarkt, Palmen, Parkplatz, Autos parken ein und aus. Mit der Zeit trägt der Pinsel die Farben ab, verwischt die Formen, lässt Etagen und Gebäude verschwinden, löst die Verankerungen, löst Materie und Anhaftung, bis nichts mehr bleibt als ein schwebendes Lichtperlenspiel. Als schreibe dieser Zeitpinsel in einem einzigen langen Zug das Herz-Sutra. Nebeneffekt dieser Vorstellung: aktive Fußschonung.

Die Versuchung, die Ferngeliebte anzurufen, ist groß, doch widerstehlich.

Kilometer 1 251 / 6. Mai / Abend

yōroppa. Aufgewacht mit der Vorstellung, am Flughafenschalter erführe ich, Europaflüge seien storniert wegen Untergang des Kontinents. Ich staune schulbuchmäßig mit kreisrundem Mund und hochgezogenen Brauen. Leises Kopfschütteln der Beamtin: Aber das sei doch seit Wochen bekannt.

17 Kilometer. Der Fuß geht mit, zieht aber noch.

Kilometer 1 275 / 7. Mai / Abend

zazen. Beim letzten Tempel-Hopping mischt sich bereits Wehmut in die Besuche. Auch geschmackliche

174

Entgleisungen wie die wachhabenden Löwen wollen gestreichelt sein. Gequält grinsen sie unter der Last von Lockenperücken im Stil des Sonnenkönigs. Regen überzieht ihre schwarzen Leiber mit spiegelndem Glanzlack. Führe ich meine Lippen ganz dicht an ihre Ohren, kann ich sie winseln hören. Süchtiger als Nobe nach Nudeln folge ich dem gebieterischen Duft des Weihrauchs zum Kessel. Schwaden entsteigen den Stäbchen wie Schlangen aus Körben. Höre ich Flötenspiel? Die Dschungelgärten scheinen verwunschener als sonst zu sein. Traumwandlerisch vollführe ich meine Tempeltänze: das Reinigen am Brunnen und Schlagen der Glocke und Beten und Klimpernlassen der Münzen, ausgeführt mit der unangestrengten Sorgfalt dessen, der in der Folge der Einzelschritte den Gesamteindruck der Choreografie im Blick behält.

Abgesehen von einem Sturz an einem regennassen Bergabhang, der am Hosenboden die Bremsspur der Inkontinenz hinterlässt, ist der Weg ungetrübt.

Das Museum hinter Tempel 87 verwahrt tatsächlich sehenswerte Reprints historischer Landkarten für Wallfahrer. Die Originale gehen zurück ins Jahr 1763. Es sind Kunstwerke. Auf der schönsten Karte verläuft am Rand der Insel eine dicke rote Linie, umgeben von einem Spalier zahlloser winziger Namen. Tempel sind zu erkennen, auch rote Pagoden, kleine Schreine, grüne Hügel, blaues Meer mit Dschunken, alles auf einem Blatt, in einem Maßstab, der mich daran erinnert, dass es Zeit ist, mich mit meinem ramponierten Kartenheft auszusöhnen. Selten habe ich ein Buch intensiver durchgearbeitet als dieses, und dabei kann ich noch nicht einmal seinen Titel entziffern.

Ein versierter und liebenswürdiger Angestellter lässt sich auch von regem Besucherandrang nicht davon abhalten, dem deutschen Gast eine Schnelleinweisung in *zazen* zu geben. Er setzt mich zwischen Vitrinen: aufrechter Sitz mit gerader Luftsäule zwischen Anus und Fontanelle, Zungenspitze an den Gaumen, Hände ineinander, Daumen in einem Abstand, dass ein elektrischer Funke überspringen könnte. »Don't think nothing! Don't think nothing! ›Nothing‹ is important!« Drei, vier Stunden jeden Tag, dann würde es schon werden.

Als wolle die Pilgerreise beim Finale die endlosen Asphaltwege vergessen lassen, fordern die kantigen Berge vor Tempel 88 noch einmal Körpereinsatz mit Kraxelei durch Gestein und Gestrüpp. Wie schaffen das die Alten bloß? Der Fuß: friedlich, bandagiert in Ganzkörperglück, stabilisiert vom Mantra »Es geht weiter«. Heimatfilmausblick. Ein Kilometer noch, dann bin ich da.

Fast. Wäre da nicht diese einsame, blaue und entzückend baufällige Tempelhütte, die sich an ein Felsmassiv lehnt. Eine Nacht in so einem Unterschlupf wäre ein würdiger Ausklang, zumal sich schon die Sonne neigt und rund um Tempel 88 alles, aber auch alles, wie Herr Morikawa eindringlich versicherte, ausgebucht ist. Bleibe ich doch hier, ich verdammter Glückspilz! Gleich mal meditieren, Ruhe spüren! Was für eine beschauliche Archaik: Das Tempelinnere gräbt sich in den Berg; in der Tiefe schimmert dunkel ein Altar; vorn im Verschlag, wo sich Matratzen stapeln, trippelt etwas. Das ist nicht ernst zu nehmen. Eine Maus vielleicht …

Manchmal gibt Kūkai seine Anwesenheit durch wundersame Vorkommnisse kund. (Taikō Yamasaki: Shingon – Der Esoterische Buddhismus in Japan, 1988)

ora a noi. In den Sekunden des Schreis in der Schwärze der Nacht, die jeden Raum zunichte macht, bin ich mehr als je zuvor an jenem Ort angekommen, den ich suchte: in und außer mir zugleich. Ein furchtbarer und in seiner Furchtbarkeit großartiger Augenblick. Ich bin da und aus mir herausgegangen.

Der Rest ist verschwunden. Schwarz, das keine Grenzen kennt, ist keine Farbe, sondern Nichts. Wände, Böden, Steine existieren nur in der Erinnerung. Sie waren da. Aber jetzt? Die Welt wird Konjunktiv, wenn alles schwarz ist, alles zu Schwarz geworden ist. Und das Nichts ist mir – tatsächlich – lieber als ein Etwas, das ein Schlupfloch findet, hinein in den Schlafsack, der mich in vierzig Nächten niemals fester schnürte als jetzt, mit seinem verzurrten Kragen, aus dem zwei nutzlose Hände schauen, nein!, eben nicht »schauen«.

Schreien, Aufwachen, Aufspringen, alles ist Eins geworden. Das kreischende Geschrei eines Affen in einer steinzeitlichen Höhle. Nächster Moment: mir beim Schreien zuhören, trotzdem weiterschreien, am Reißverschluss nesteln – – klemmt. Ich kriege die Arme nicht frei.

Etwas kann alles Mögliche sein. Die Taschenlampe habe ich im Aufspringen weggeschleudert. Bloß nicht bücken, bloß nicht hinknien und tappen im Dunkel der Nesselgrube. Ich habe zu viele Schlangen gesehen, die sich schlafend stellten. Doch Erstarrung bringt mich nicht weiter. Ich muss Schritte unternehmen, jetzt. Jetzt.

Irgendwann geht jeder Reißverschluss auf. Irgendwann findet man Streichholz und Kerze. Irgendwann sieht man in den Schlitzen Salamander flitzen, hört auf zu spekulieren und schläft ein bei Kerzenschein.

Zurück in die Welt der Bilder und Zeugnisse. Tempel 88 stellt Urkunden aus. Mit der Gespanntheit eines Schwarzfahrers, der dem Kontrolleur einen gezinkten Fahrschein zeigt, übergebe ich mein *nōkyō-chō*. Der Mönch scheint heute Morgen besonders gnädig (oder nicht ganz auf dem Posten) zu sein und malt nach flüchtiger Durchsicht hingebungsvoll die ungewohnten lateinischen Buchstaben meines Namens auf das Zertifikat. Das also ist die Pilgerweihe.

Obwohl kaum jemand so früh am Morgen das Tempelgelände aufsucht, stehen überall Körbe mit Sträußen aus Stäben, als ob es tausend Stäbe … (Meinte Rilke Pilger, als er über den Panther, seinen verschwommenen Blick und die verlorene Welt hinter den Stäben schrieb? Ich notiere die erste Strophe auf dem *osamefuda*-Zettel und werfe ihn ordnungsgemäß in den Kasten der Haupthalle.) Die Fülle zurückgelassener Stäbe leuchtet nicht ganz ein, denn der Kreis schließt sich für die meisten Pilger erst bei Tempel 1, und ihr Weg führt weiter auf die Nachbarinsel, um auf Berg Kōya Abschied von Kōbō Daishi zu nehmen. Viele lassen ihn vorzeitig los (– streng genommen, aber wer wird denn …).

Im Wald haben Bäume den Boden mit Blüten ausgelegt. Ein rosa Teppich im Grün. Niemand ist hier außer mir … und einer kleinen Raupe, die kringelnd im sanften Wind hin und her pendelt. Ich filme. Immer wieder fliegt die Raupe um Haaresbreite an der Linse vorbei. Um sie nicht aus dem Bildkader zu verlieren, folge ich vorsichtig ihrem Schwung: ein Engtanz mit einer unberührten Unsichtbaren. Käme ich an dieser Szenerie vorbei, hielte ich den wankenden Irren für betrunken oder *henro boke*. Ein Sperling gibt den Stehgeiger: »Hoo-hokekyo« (nicht zu verwechseln mit dem Lieblingsvogel).

Es wird noch hemmungsloser und sentimentaler. Das Gezwitscher wird via memoria zur *ora a noi* aus Puccinis *Madame Butterfly*: das Harfezupfen mit kurzem Achtel-Anlauf von der Dominante hinauf zum Grundton, mit kurzem Schritt zurück, wie um sich abzustoßen für zwei zarte Terzhüpfer aufwärts und wieder abwärts. Es ist die Musik für die schmachtende Geisha, wenn sie den Brief des fernen Geliebten erhält. Was im Brief steht (der Ersehnte band sich längst im eigenen Land), liest Butterfly lieber nicht, weil sie weiß, dass die Wahrheit ihren Traum und sie selbst zerstört. Sie rettet die Illusion, indem sie die Kenntnisnahme verweigert. Tanze ich da mit der entfernten Ferngeliebten, dem ferngeliebten Japan, in der Illusion eines Miteinanders, in unhaltbarer Verbundenheit, oder tanze ich mit mir in Gestalt des ungeschlüpften Schmetterlings ... Raupe-Butterfly-Ich, Tanz-Liebe-Fremdbegegnung, Schmetterlingsahnung und Metamorphose – symbolisch vernebelte Apotheose? Lieber nicht analysieren. Zum Schreien peinlich, doch in der Dunkelkammer des unbeobachteten Glücks existiert keine Scham.

Ein Spaziergänger kommt an dieser Szenerie vorbei, grüßt mit »Kampai!«, sieht die Raupe, duckt sich und klärt mich auf: Von der Berührung bekäme man brennenden Hautausschlag. Damit lässt er mich zurück in diesem Garten Gethsemane und dem *Noli me tangere* meiner Tanzpartnerin, deren Faden vermutlich bis zum Himmel reicht. Und erst dann – im Nachhall der seltsamen Intimität, als würde ich die Wirklichkeit in einen Traum einkleiden oder präparieren für die spätere Präsentation – lagern sich Noten, Brief und Umschreibungen an, aufdringlicher als ein Busch aus Eisenspänen um einen winzigen Magnetknopf, als wollte ich das Erlebte begreifen, auch um den Preis, im Begreifen das hauchdünne Fadengespinst zu zerreißen und seine tatsächliche Unsichtbarkeit zu verdecken. Denn der Tanz selbst war nackt in seiner Augenblicksgewissheit.

Auf dem Weg Richtung Tempel 1, der zunächst über die Tempel 10 und 9 führt, übernachte ich auf halber Strecke auf dem Parkplatz von Tempel 8. Der Abt hat dort eine kostenfreie Schlafbude aufstellen lassen. Eigentlich ist sie bereits mit einem Gast überbelegt, aber wenn man die Füße anzieht, kann man die Tür schließen. An den Fenstern meines Vogelhäuschens, das weniger Raum als ein Kleinwagen beansprucht, hängen prima Gardinen.

In der Dämmerung streife ich, von eigener Hand zum Nachtwächter befördert, über das stille Tempelgelände. Ich habe den Ort kaum wiedererkannt, obwohl er unverändert ist. Beim ersten Besuch troff er im Regen, jetzt pflegt ihn klares Abendlicht. Aber es ist nicht nur das Wetter. Die Milde wirkt noch cremiger durch diese eigenartige odysseische Heimkehrmelancholie. Der Firnis der Erinnerung überzieht die Treppen und Stufen, das verwitterte Holz und die Statue des wandernden Kōbō Daishi. Bereits jetzt gehe ich durch Vergangenheit. Vögel keckern wie Delfine. Ein Flugzeug zeichnet einen dekorativen Strich ins Abendblau.

Kilometer 1 321 / 9. Mai / Nacht

mose. Alles geht zu rasant. Rast an einer Abraumhalde: Von Förderbändern rieseln Pilger, durch die Prallmühle gedrehtes Geröll, gerüttelt, zermahlen und gesiebt zu samtigen Sandburgen, Kiesel für einen hübsch geharkten Steingarten. Hilfloser Spott, in Wirklichkeit beginne ich das Ende hinauszuzögern. Ich wähle einen Umweg über *bekkaku*-Tempel 1: ein hölzerner Kolossalbau in wucherndem Grün, das im Licht birst. Mit geschlossenen Augen lege ich mich ins Gras.

Da ist der Kranich, der sich rauschend aus dem Schilf erhebt.

Und da kommt auch schon der hutzlige Tempel zwischen *fudasho* 3 und 4, das Zwischenlager der Gepäckteile. Ich habe sie nie vermisst.

Kosho Omoto trägt immer noch seine wallenden Pumphosen und seine geräumige Brille. Sieben Wochen ist es her, dass ich einige Stunden mit dem schmächtigen Mann verbrachte. Nun begrüße ich den flüchtigen Bekannten wie einen Freund aus alten Tagen. Er bittet zum Kaffee. Wir plaudern über meine Erlebnisse: das Feuerritual, die Geschenke, die Magie, die Malaise mit dem Fuß ... Wir sollten zusammen eine heiße Quelle besuchen, schlägt er vor.

Aufschub für Abschied. Keine halbe Stunde später sitzen wir – wieder mal – in seinem Kleintransporter. Japans Hang zur Freundlichkeit scheine sich, sagt Mönch Omoto, auf Shikoku zu verdichten, insbesondere auf dem Pilgerweg. Dort zelebriere Japan Tradition und Tugend. Mit der Magie sei es allerdings so eine Sache. Wie bitte? So spricht ein Shingon-Priester?

Als wir – *kimochi ii* – im dampfenden Steinbecken eintauchen, rechne ich immer noch damit, jetzt erkläre Kosho Omoto die letzten 1 300 Kilometer zur folkloristischen Nebelkerze, und die Insel habe sich einen tüchtigen Streich mit mir erlaubt. Er sagt indes, die meisten Geschwüre produziere der Kopf. Seinen Hinterkopf habe auf einer Studienreise in Indien ein beulenartiger Aussatz befallen. Auf Anraten seines Lehrers besuchte er eine alte nepalesische Schamanin. Sie habe das Geschwür aus dem Kopf gebissen. Nicht abgebissen, nein, *heraus*gebissen. Es habe stark geblutet.

»Der alte Trick mit dem Schwamm im Mund?«, frage ich.

»Vielleicht«, gibt der Mönch zu, wer wisse das schon, doch es habe grässlich geschmerzt. Er würde es nie wieder tun. Es sei eben so eine Sache mit der Magie.

Wieso denn Indien? Ich nehme selten mit einem Shingon-Priester zusammen ein Bad, da bin ich neugierig.

Zum Meditieren, sagt Kosho Omoto. Er praktiziere es häufig, genieße die innere Reinigung – leider rauche er zu viel. Die Morgensternmeditation habe er zwar nicht ganz geschafft, doch im Zuge seiner Indienreise habe er 39 Tage lang meditiert, ohne feste Nahrung zu sich zu nehmen. Am Ende, er sei dem Tode nah gewesen, habe er Stimmen gehört. Er habe mit Buddha gesprochen und die Bedeutung der Religionen erkannt. Die Bibel, auch das Alte Testament, fände er intelligent, wenn auch unnötig verklausuliert.

Verstohlen bohre ich mit meinen Blicken in seinen Augen nach Ironie. Ich werde nicht fündig. Aber der strafende Gott, der Gott des Blutgeruchs, die Gräuel der mosaischen Bücher?

Nein, entgegnet Mönch Omoto freundlich, das sei ein Missverständnis. Alles sei Symbol: ›Ägypten‹ meine im alten Sprachgebrauch dasselbe wie ›Körper‹ – der Auszug des Gottesvolkes Israel sei das Streben der gefangenen Seele, dem Körper zu entfliehen, sich zu zerstreuen »wie Sand am Meer«, sich endlos zu vermehren und auszudehnen: Die Bibel beschreibe die Nirwana-Sehnsucht sehr schön, wenn auch, wie gesagt, leider etwas umständlich. Mir wird immer heißer.

Wir sitzen lange, schweigen, wechseln die Becken. Viel Zeit verbringe ich mit dem Studium der Fugenverläufe der Kacheln. Dennoch: Die Hitze, die in mir aufsteigt, hält an. Sie lässt mich auch jetzt noch, während ich dies im Gästezimmer des Tempels niederschreibe, an der seltsamen Pointe zweifeln, die im Labyrinth des Gesprächs wartete: Was Gott seinem Gesandten, der so auffällig gern die Fassung verlor, auf dem Berg Sinai eingebläut habe, sei vielleicht nichts anderes als das *hannya shingyō*. Nie war Mose Himmel und Nirwana näher als auf diesem Gipfel, wo er und Er zusammentrafen, als sei dort der Unterschied von Ich und Du und Ihm aufgehoben und das ewige Vergleichen und Abgrenzen zuende:

Du sollst dir kein Bildnis noch irgendein Gleichnis machen, weder von dem, was oben im Himmel, noch von dem, was unten auf Erden, noch von dem, was im Wasser unter der Erde ist: Bete nicht andere Götter an und diene ihnen nicht! Form ist Leere! Du sollst die Welt mit den Augen eines Babys betrachten!

Kilometer 1 328 / 10. Mai / Nachmittag / Tag 49

fool. Auf dem Weg zu Tempel 1 erläutert mir Mönch Omoto, was er unter *henro boke* versteht: Ein solcher Pilger sei »foolish«, wenngleich nicht im Sinne von »dämlich«, sondern eines weisen Einfaltspinsels. Er befände sich im Zustand erfüllter Entleertheit, einem meditativen Zustand ähnlich. Ihn belaste kein Alltag, er sei auch nicht verhaftet in den Koordinaten der Zeit. So jemand befände sich in einer Gegenwart, die von nichts wisse, was früher oder später geschehe, sondern nur im unmittelbaren Moment. Dieser Moment entziehe sich dem Zeitbegriff, da jede Bezugnahme auf den Moment, zum Beispiel die Artikulation des Wortes »jetzt«, nur in der Rückschau geschehen könne, weil Sprache ja auf etwas Gedachtes zurückgreifen müsse. Jeder Moment sei so verschwindend kurz, dass er gleichsam gar nicht existiere. Jemand, der trotzdem in diesem Moment präsent sei, ohne Reflexion, führe ein Dasein in der Auszeit.

Der Kreis schließt sich. Im Büro von Tempel 1 belohnt ein Priester meine Fußpilgerei mit einem Bonus, einer Holzperlenkette. Und wer feixt mich von schräg rückwärts an und gibt mir einen Klaps? Der schräge Vogel, der Teufelskerl in schwarzer Kluft und Designerbrille! Kaum zu fassen: Er hat artig alle 88 *fudasho*-Tempel sowie alle 20 *bekkaku*-Tempel abgelaufen – für seine Mutter. Kurzer Abschied. Abfahrt des Zuges Richtung Hauptinsel Honshū. Spirituelle Partylaune. Durch meine Blutbahnen fließt die narkotische Wirkung zutraulicher Philanthropie. Der erste kräftige Schub trifft mich auf einer Brücke über dunkel verhangenem Binnenmeer. Aus Wolken stoßen Lichtkegel auf kreuzende Schiffchen. Wer taufte sie bloß Gottesaugen? Meine Abwehrkräfte sind geschwächt, das *Hagakure* ist machtlos. Ich fasse einen Vorsatz: Einmal im Jahr möge eine kontrollierte Wahrnehmungsverschiebung die Filter aus Kultur, Gewohnheit, Bewusstsein und Synapsen öffnen. Das Ziel bestünde nicht darin, auf Wahrheit oder Höheres zu hoffen, aber auf die Möglichkeit von absolut Anderem. Ich sollte mich vorarbeiten. Ich sollte damit beginnen, meine Scheu vor Kopfschmerztabletten zu überwinden.

Dann das: ein fast zum Halbkreis aufgespannter Regenbogen. Zu diesem Zeitpunkt ist das natürlich eine nicht-zitierfähige Unverschämtheit, ein transzendenter Tabledance, eine spirituelle Notzucht. Ich sehe mich zum Glauben genötigt. Na gut, denke ich, aber bitte nicht an eine Macht, die mich vor Unfällen, Yakuza, Schlangen und Bankräubern schützt. Nicht an ein Prinzip, das seine Existenz der Angst verdankt. Sondern an ein Prinzip der positiven Utopie, an ein Lichtspiel ohne Schatten, an einen Glauben im Ungefähren, an das Gute und Gütige als vertrauensbildende Maßnahme. Ich würde seinen Sitz lieber im menschlichen Genom verorten als hinter den Wolken, als biologisch festgeschriebene Ethik. Zuhause könnte ich die DNA der Buddha-Natur entschlüsseln … Im gleichen Zuge übergießt mich ein Schauer: Tempel 7, wieder verpennt!

Kilometer 1 344 / 13. Mai / Nachmittag

kōya-san. Zwei Tage verbringe ich vorwiegend in Osaka, schlafe in den praktischen Katakomben eines Kapselhotels, gerate ins großstädtische Tempo, das nichts mehr gemein hat mit der ländlichen Beschaulichkeit von Shikoku. Die Pilgerreise versinkt im Hort, umschlossen von einer Hecke aus Anekdoten. Einmal sehe ich einen Bettelmönch mit Schale. Er steht in voller Montur, unbeweglich wie ein britischer Gardeoffizier auf Wache, wenn auch nicht vor dem Buckingham Palace, sondern einer U-Bahn-Unterführung. Sein stummer Stillstand in der Flut der Geschäftigen behauptet, er gehöre hier hin. Insgeheim warte ich darauf, dass er in mir eine Art Seelenverwandten erkennt. Oder zumindest, dass ein Lieferwagen vorfährt, um ihn wie das vergessene Requisit eines Mysterienspiels aufzuladen und stehend auf der Ladefläche abzutransportieren.

Shikoku ist verschnürt und abgepackt in Tonbilder. Auch die zweite Lieferung wird nach Deutschland verschifft. Gerüche verfliegen. Der Film der Einwegkamera, die mir der undurchschaubare Gaukler in Tempel 55 schenkte, ist entwickelt: ich vor Tempelbrüstung, im Tempelbüro, am Tempeltor, mit unbekanntem Pilger. Nirgendwo die kleinste Unschärfe. Das Geheimnis der

185

Bilder, das *boke*, verschwindet mit ihrem Eintritt in die Welt der Körper.

Makoto-san und Koru-san, zwei gehen zusammen auf Kōya-san. Die Berggruppe Kōya, drei Zugstunden südlich von Osaka, ist der Tempelberg des Shingon-Buddhismus. Der wanderfrohe Kōbō Daishi selbst entdeckte die 800 Meter hoch gelegene Senke zwischen acht Gipfeln und erkor sie zum Hauptquartier seiner Schule. Rodung und Beginn der Bauarbeiten überwachte er persönlich. Noch heute liegt hier das Zentrum des Shingon. Mit seinen hundert Tempeln erinnert das Gelände an ein gut besuchtes Freilichtmuseum. Im touristischen Trubel studieren und meditieren jedoch echte Mönche. Einer von ihnen ist Kōbō Daishi. Ihm persönlich zu danken, gilt als die letzte Pflichtübung.

Filmen ist im inneren Tempelbezirk streng untersagt. Hier befindet sich das Mausoleum, in dem Kōbō Daishi meditiert. Seit 1172 Jahren. Makoto und ich drängen uns zwischen Pilgern und Touristen ehrerbietig in gebotener Entfernung auf einem Steg und blinzeln durch Zedernstämme zu einer kleinen Hütte mit offener Tür. Da soll der erlauchte Erleuchtete sitzen. Nur ein einziger Mensch hat Zutritt, ein auserwählter Priester in gelber Robe. Er bringt dem Freiwohner zweimal täglich Speisen, Kerzen und wechselt die Kleidung. Nur er sieht ins Allerheiligste. Kein Grab ist schweigsamer als er.

In Santiago de Compostela defilieren die Pilger im Rücken Jakobs, jener Rüstung, deren Schulterstück von abertausend feuchten Händen glänzt. Mit der Reliquie gibt die Kirche ihren Gläubigen etwas an die Hand, ein Beweisstück zur haptischen Vergewisserung. Das Ritual der Berührung sorgt für erhöhte Haftung. Auf Kōya-san geschieht gewissermaßen das Gegenteil. Niemand unternimmt den Schritt, in die Hütte hineinzugehen und über die Schulter zu rufen: »Niemand da!« (Würde man ihm glauben?) Es sind die Gläubigen, die im Verzicht das Unglaubliche produzieren. Indem sie *es sein lassen*, vollbringen sie das Wunder.

Die letzte Kalligrafie, das letzte Absingen des *hannya shingyō*, Makoto bittet um letzte Worte. Aber hier fallen keine Lichtkegel hernieder, kein Regenbogen spannt sich auf. Es ist zu spät für Posaunen, Zimbeln und Schellen, für kniefällige Befreiung im solistischen Choral: »Und wir werden verwandelt werden!« Das Einzige, was ich spüre, ist fast schmerzhafte Dankbarkeit für Makoto, der mit vollständigem Namen Makoto Sato heißt, und Nobuo Morikawa.

Kilometer 1 344 / 13. Mai / Nacht

ha. Dies ist der 88. Eintrag. Der Treppenwitz der Abschlüsse hat noch eine letzte, wirklich allerletzte Stufe. Die Wallfahrt ist zur allervollständigsten Gänze absolviert mit der Übernachtung auf Kōya-san. Das ist eine clevere Idee, denn die Tempel kassieren dafür die bislang unerreichte Summe von 9 500 Yen (68 Euro). Makoto, der nicht weiß, dass er ein *bosatsu* ist, spendiert sie mir als *o-settai* und eilt heim zum Schuldienst.

Ein Novize serviert das Mahl: fehlerfrei. Kein Blick, kein Wort. Roboterhaft erfüllt er seine Pflicht nach offenbar erfolgreicher Entkernung seiner selbst. Dem Domestiken zuzusehen, ist ein wohltuender Hieb gegen den Efeu der Nostalgie.

Zum Tee besucht mich eine Nonne. Die Kahlheit des Kopfes und die Robe haben Zeichen des Alters und Geschlechts gelöscht. Selbst die fein aufgeworfenen Fält-

chen um die schmalen Augen geben kaum Anhaltspunkte. Die Nonne schenkt ein, erkundigt sich nach
meinem Glauben, erzählt von dem ihrigen, erkundigt
sich nach meiner Pilgerfahrt, erzählt von Chōsa, dem
großen Zen-Meister, der einen Ausflug in die Berge
machte, auf dem Hinweg der Spur duftenden Grases
folgte und auf dem Rückweg fallenden Blüten. Über
die inneren Widersprüche der Wallfahrt-Logik und den
Kult um Kōbō Daishi bricht sie in Gelächter aus, so
breit, dass die Schiebetüren trampeln.

Ob ich was vermisst habe? Der Tempel 7 fehle mir,
Juraku-ji, der *Tempel der zehn Freuden*, soso, ja, da
schaue sie doch mal in mein *nōkyō-chō* … ja, nein, huch,
im Feld von Tempel 7 stünden ja Zeichen und Stempel,
nur eben nicht von Nummer 7, sondern vom Tempel
Aizen-in, seltsam genug: Das sei ein kleiner Tempel zwischen *fudasho* 3 und 4, ein einstiger Wundertempel.
Lahme und Leprakranke seien vor Zeiten dorthin ge-
pilgert. Als die Lepra zurückging, sei auch der Stern des
Aizen-in gesunken. Vom frühen Ruhm kündeten die
Beinschienen und Krücken an den Wänden, abgewor-
fen und aufgehängt von glücklichen Geheilten. Nun ja,
ein Stempel von so einem Ort sei doch auch sehr schön.
Ich würde schon sehen: Manche blinde Flecken blieben
haften. Ich würde Tempel 7 besser im Gedächtnis behalten als viele andere. Beim nächsten Mal könne ich den
Besuch ja nachholen. Dann könne ich auch gleich bei
einem *mandō-e* teilnehmen, dem Fest der zehntausend
Laternen, die bei Dunkelheit alle gleichzeitig entzündet
würden.

Henro boke? Das sei das einfachste von allem. Das
sei der Pilger auf dem Seitenpfad, der Heilige, der tanze
wie der Teufel. Das sei der Verrückte unter den Verrück-
ten, der Liebende, der bei der Trauerfeier der Geliebten

lache, der erleuchtete Tor. Das sei der Unberechenbare, der Unbegreifbare, der Ungebundene. Die Nonne hebt einen Zeigefinger und dreht ihn im Kreis in die Höhe. Ich schaue hinterher, sie stutzt, nimmt mich ins Visier, kneift kurz die Augen zusammen, und über mir ergießt sich ihr Gelächter.

epilog. 17. Mai 2007. Im Terminal warte ich auf das Check-in. Gleich beginnt der Rückflug. Wieder nach Hause, wo ich verstehe und dazugehöre, ja: verstehen und dazugehören muss, obwohl ich es oft nicht kann und mich dann fremder fühle als in den Wochen auf Shikoku. Im Fremdsein lässt sich heimisch werden. In diesem Wohlgefühl nicke ich ein wenig ein.

Ein Sicherheitsbeamter steht neben mir, ich fahre hoch. Aber nein, ich möge sitzen bleiben, bekniet er mich und kniet auch wirklich neben mir nieder, bleibt auf seinen Knien, zeiht sich unter Entschuldigungen der Misshelligkeiten, die seine Berufsausübung mit sich bringe, unter anderem jene, was bitte nicht persönlich zu verstehen sei und mit keinerlei Verdacht verbunden, meine Personalie, wenn es keine Umstände bereite, kurz aufzunehmen, und – ah, danke, recht vielen Dank – bitte zu entschuldigen, den Zweck der Reise in Erfahrung zu bringen. Shikoku? Wie gern würde er den *hachijūhakkasho* pilgern, irgendwann einmal, sofern es seine Tätigkeit zuließe. Wieder entschuldigt er sich und wünscht alles Gute für den Flug und die Erholung danach. Ich möge Acht auf mich geben. Es heiße, man werde *boke*, wenn man zu lange fliege.

* * *

nachbemerkung märz 2011. Während der Endkorrektur steht Japan unter dem Schock der Katastrophen. Das Buch kann darauf nicht reagieren. Es berücksichtigt lediglich einige Veränderungen, die sich im Zeitraum zwischen 2007 und 2011 ergaben und für Leser, die diese Reise selbst unternehmen möchten, von Interesse sind. Diese Hinweise ersetzen keinen Reiseführer.

Wer sich systematisch auf den Pilgerweg vorbereiten will, findet im *world wide web* Hilfe und Tipps in Fülle. David Turkington, Don Weiss, Jeffrey Hackler, Steve McCarty – sie und andere haben viel gesammelt. Oliver Statlers *Japanese Pilgrimage* (1983) ist heute schon historisch, Ian Readers *Making Pilgrimages – Meaning and Practice in Shikoku* (2005) noch relativ jung. Tatsuro Muro und David C. Moreton liefern Kurzbeschreibungen der Tempel und ihrer Geschichten (*A Journey of the Soul*, 2008). Kompakt und gut verwendbar ist Bischof Taisen Miyatas *A Henro Pilgrimage Guide to the 88 Temples of Shikoku Island* (2006) mit knappen Einführungen in Tempel, Gottheiten und Prozeduren.

Auf dem neuesten Stand ist Ryōfū Pussel, ein ausgewanderter Deutscher, in Japan als Zen-Mönch ordiniert und offiziell zum Pilgerfuhrer (*sendatsu*) ernannt. Neben einem persönlichen Bericht (*Buddha-Café, Lovehotel und 88 Tempel*) verfasste er 2010 die wissenschaftliche Bestandsaufnahme *A Critical Analysis of the Buddhist 88-Temple-Pilgrimage on Shikoku Island*. Anhand der üppigen Datenmenge konnte ich Zahlen und Angaben diverser Gespräche prüfen und im Bedarfsfall verbessern. (Die Reisekosten schätzt Pussel übrigens höher ein als ich.)

Pilgrimage Partners hat seine (stets zuverlässigen und für mich unverzichtbaren) Dienste vorerst leider eingestellt. Doch für ausländische Pilger gibt es auch gute Neuigkeiten. Neben dem japanischen Kartenheft (*Shikoku Henro Hitori Aruki Dōgyō Ninin*, 2 Bde, 2007) erschien ein englischer Reiseführer: *Shikoku Japan 88 Route Guide* (2. Aufl 2009). Viele Wegweiser wurden ins Englische übersetzt. Der Pilgerweg ist im *Global Positioning System* erfasst. In unübersichtlichen Städten helfen grüne Fahrbahnmarkierungen. Gefährliche Abschnitte werden ausgebessert.

Laut Pussel 2010 entstehen entlang des Weges 88 im Palisadenstil gebaute Schlafstellen (*henro goya*). Sie verfügen über Bänke, Toiletten und Waschbecken.

Campingstellen sind selten: nahe *fudasho* 20, zwischen 37 und 38 sowie 40 und 41.

Folgende Tempel halten kostenlose Unterkünfte (*tsuyado*) bereit: *fudasho* 8, 12 (in der Orangenplantage), 27, 33, 34, 35, 40, 47, 56, 66, 69, 71, außerdem *bekkaku* 11.

Daneben gibt es privat – gratis oder günstig – bereitgestellte Unterkünfte (*zenkonyado*): zwischen *fudasho* 88 und 1, 5 und 6 (Lieferantenfirma), 11 und 12 (im Zen-Übungsraum), 12 und 13, 16 und 17 (Taxifirma), 22 und 23, nahe 23, zwischen 23 und 24, 27 und 28, 28 und 29, 32 und 33, 37 und 38, 38 und 39, nahe 42, zwischen 64 und 65, nahe 75 sowie zwischen 76 und 77. Wie lange sie existieren, hängt von der Initiative der Spender ab. Daher lohnt sich ein Blick auf aktualisierende Listen im Netz, beispielsweise www.shikokuhenrotrail.com (Dave Turkington) und http://henro2009.wordpress.com/data/lodging/ (Grace).

Die Vernetzung des Pilgerweges macht Fortschritte. Angestrebt ist eine partnerschaftliche Verbindung zur christlichen Wallfahrt nach Santiago de Compostela. Die Bemühungen um Anerkennung als Weltkulturerbe bei der UNESCO dauern an.

Darf ich mit zwei Literaturtipps schließen? Zum Jakobsweg ist es natürlich der unvermeidliche: *Tim Moore – Zwei Esel auf dem Jakobsweg* (2005). Und zu Japan: *Der spazierende Mann* (2009) und die anderen Manga von Jirō Taniguchi, der vielleicht der Ozu der Mangaka ist und in dessen grafischen Romanen – Alltagsbildern, Abenteuern – ich »mein« Japan wiederfand: in seiner Linienlust und strengen Ordnung, aber auch in der Liebe zu den Details, die in Bescheidenheit, Anmut, Mut und Würde vom Leben, seiner Wahrnehmung und seinem Sinn erzählen.

Inhalt

Erleuchtung

Nirwana

Originalausgabe
© Edition Korrespondenzen, Reto Ziegler, Wien 2011
Alle Rechte vorbehalten
Lektorat und Satz: Franz Hammerbacher
Druck und Bindung: Interpress, Budapest
www.korrespondenzen.at
ISBN 978-3-902113-76-4